Treatises

L. ANNAEUS SENECA

TREATISES

ON PROVIDENCE
ON TRANQUILLITY OF MIND
ON SHORTNESS OF LIFE
ON HAPPY LIFE

TOGETHER WITH

SELECT EPISTLES EPIGRAMMATA AN INTRODUCTION COPI.
NOTES AND SCRIPTURE PARALLELISMS

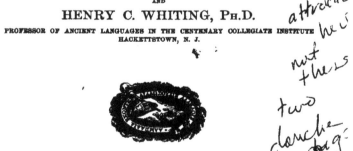

By JOHN F. HURST, D.D.

PRESIDENT OF THE DREW THEOLOGICAL SEMINARY, MADISON, N. J.

AND

HENRY C. WHITING, PH.D.

PROFESSOR OF ANCIENT LANGUAGES IN THE CENTENARY COLLEGIATE INSTITUTE
HACKETTSTOWN, N. J.

NEW YORK
HARPER & BROTHERS, PUBLISHERS
FRANKLIN SQUARE
1877

Entered according to Act of Congress, in the year 1877, by

HARPER & BROTHERS,

In the Office of the Librarian of Congress, at Washington.

PREFACE.

THE present edition of the leading Moral Essays of Lucius Annaeus Seneca is designed as a text-book for use in the colleges and schools of the United States. The editors were first attracted towards its preparation by the fact that no edition of the Latin text of any one of the essays of the great Roman moralist had ever appeared in this country. Even in England the neglect has been marked; for, although several good translations were published during the 17th and 18th centuries, there has not appeared in that country but one essay of Seneca in the original text for more than three centuries—viz., *Ad Gallionem de Remediis Fortuitorum* (Lond. 1547).* This disregard, in the Anglo-Saxon countries, of the authentic works of the greatest Roman philosopher is in decided contrast with the attention which they have received in the Continental countries, particularly in Germany, Italy, Holland, France, and Sweden. Graesse occupies not less than fourteen of his folio pages, in double columns, with the

---

* Graesse, Trésor de Livres Râres, Vol. VI. pp. 346 ff.

mere titles of the editions of the text or translation
of Seneca's real and alleged works, from the revival
of classical learning, at the beginning of the 16th
century, down to the present time. In Holland the
most critical editorial care has been bestowed. Har-
wood says that the Elzevir edition, containing the notes
of Lipsius, Gronovius, and others (Amsterdam, 1672),
was printed from silver types.

The editors trust, therefore, that they are supplying
a real want when they offer to the American public
some of the best writings of the long unfamiliar Seneca.
The text employed is that of Fickert (Leipzig, 1842–5),
because, though not the most recent, it is by far the
most critical, as it is derived from MS. authority. The
readings of Haase's edition (Leipzig, 1851–3) and of
other editions are referred to in the Notes as occasion
has seemed to require. The orthography is conformed
to that now generally agreed upon by scholars as the
most correct.

The Introduction has been prepared as a special aid,
not only for the better understanding of the personal
relations of Seneca to his times, but for acquaintance
with the ethical and philosophical thought of Rome at
the time of the appearance of Christianity, and with
the entire border-land of classic culture and Christian
truth. The Notes are intended to supply every proper
want of the student; at the same time, care has been
taken not to overburden him with help, and thereby

interfere with or discourage individual study and re-
search. It is the bane of true and thorough scholarship
to make the learner a mere recipient, all the work having been done to his hand. Specially difficult or un-
usual forms of words are explained in the Notes. It
is hoped that the constant references to the principal
Latin Grammars and works on philology, history, and
philosophy, will open up the way for the student to
make himself master of the whole range of topics in
Seneca's Moral Treatises.*

To the Moral Treatises have been added *Select
Epistles* and *Epigrammata*. These are not annotated,
since, if the student have read the preceding, he will
find no difficulty in reading and enjoying these. As

---

* The liberty may be taken here to recall a singular circumstance con-
nected with the publishing house from whose press the present volume
is issued. When the two senior brothers, James and John Harper,
commenced business, they confined themselves to printing books, and
entered into a printing partnership in Dover Street, New York, in 1817.
The first book which they printed was an English translation of Seneca's
Morals, and their first triumph in business was in delivering to Mr.
Evert Duyckinck, the publisher for whom they printed, 2000 copies of
that work, on August 5th, 1817. In the following year, however, we
find the energetic brothers entering into more important relations with
the public; for they issued a work of like grave import with Seneca—
Locke's Essay on the Human Understanding—having the modest im-
print of "J. & J. Harper." The little Seneca, every type of which was
set by the founders of the Harper publishing house, is now a very rare
volume. The house which thus began soon enlarged, and its rise and
steady growth, like that of Perthes in Germany, and of the Chambers
Brothers in Edinburgh, are simply an index of that growing interest in
literature which, during the present century, has been a distinguishing
feature in the development of all the aggressive and educating nations.

matter of curious interest, the Letters supposed to have passed between St. Paul and Seneca are subjoined.

The editors regard themselves as fortunate in having secured the valuable services of the Rev. J. A. Spencer, S.T.D., Professor of Greek in the College of the City of New York, for co-operation in the final revision and completion of the work. To his critical care and large experience they acknowledge their great obligation.

In addition to the list of works referred to in the two following pages as having been consulted in the preparation of the present volume, ample use has been made of many editions and monographs on the subject in Continental libraries. The University libraries of Halle and Heidelberg, which are especially rich in the older editions of Seneca, were consulted when making the first preparations for the present edition of the chief essays of the Roman Moralist.

JOHN F. HURST.
HENRY C. WHITING.

January, 1877.

CONTENTS.

Bust of Seneca. From the Museum at Naples.

L. ANNAEI SENECAE

AD LUCILIUM

QUARE ALIQUA INCOMMODA BONIS VIRIS
ACCIDANT CUM PROVIDENTIA SIT

[SIVE

DE PROVIDENTIA]

LIBER UNUS.

Si quis autem volet scire plenius, cur malos et iniustos deus poten-
tes, beatos, divites fieri sinat, pios contra humiles, miseros, inopesque
esse patiatur; sumat cum SENECAE librum, cui titulus est: *Quare bonis*
viris multa mala accidant, cum sit providentia: in quo ille multa, non
plane imperitia saeculari, sed sapienter ac paene divinitus elocutus est.

LACTANTIUS.

[AD LUCILIUM

·DE PROVIDENTIA.]

I. Quaesisti a me, Lucili, quid ita, si providentia
mundus ageretur, multa bonis viris mala accidere?
Hoc commodius in contextu operis redderetur, cum
praeesse universis providentiam probaremus et interesse nobis deum: sed quoniam a toto particulam revelli placet et unam contradictionem manente lite integra solvere, faciam rem non difficilem, causam deorum
agam. ✠ Supervacuum est in praesentia ostendere non
sine aliquo custode tantum opus stare, nec hunc side-
rum coetum discursumque fortuiti inpetus esse, et quae
casus incitat saepe turbari et cito arietare, hanc inoffen-
sam velocitatem procedere aeternae legis imperio tantum rerum terra marique gestantem, tantum clarissimo-
rum luminum et ex dispositore lucentium non esse
materiae errantis hunc ordinem, nec quae temere coie-
runt, tanta arte penderent terrarum gravissimum pondus sedeat inmotum et circa se properantis coeli fugam
spectet, ut infusa vallibus maria molliant terras nec
ullum incrementum fluminum sentiant, ut ex minimis
seminibus nascantur ingentia. ✠ Ne illa quidem quae
videntur confusa et incerta, pluvias dico nubesque et
elisorum fulminum iactus et incendia ruptis montium

verticibus effusa, tremores labantis soli et alia quae tu-
multuosa pars rerum circa terras movet, sine ratione,
quamvis subita sint, accidunt: sed suas et illa causas
habent non minus quam quae alienis locis conspecta
miraculo sunt, ut in mediis fluctibus calentes aquae et
nova insularum in vasto exsilientium mari spatia. ✦
Iam vero si quis observaverit nudari litora pelago in se
recedente eademque intra exiguum tempus operiri, cre-
det caeca quadam volutatione modo contrahi undas et
introrsum agi, modo erumpere et magno cursu repetere
sedem suam : cum interim illae portionibus crescunt et
ad horam ac diem subeunt ampliores minoresque, prout
illas lunare sidus elicuit, ad cuius arbitrium oceanus
exundat. Suo ista tempori reserventur eo quidem magis, quod tu non dubitas de providentia, sed quaeris. ✦
In gratiam te reducam cum dis adversus optimos optimis. Neque enim rerum natura patitur ut umquam
bona bonis noceant. Inter bonos viros ac deos amicitia
est conciliante virtute : amicitiam dico ? immo etiam
necessitudo et similitudo : quoniam quidem bonus tempore tantum a deo differt, discipulus eius aemulatorque
et vera progenies, quam parens ille magnificus, virtutum non lenis exactor, sicut severi patres, durius educat. ✦ Itaque cum videris bonos viros acceptosque dis
laborare, sudare, per arduum escendere, malos autem
lascivire et voluptatibus fluere, cogita filiorum nos mo-
destia delectari, vernularum licentia : illos disciplina
tristiori contineri, horum ali audaciam. ·Idem tibi de
deo liqueat : bonum virum in deliciis non habet : experitur, indurat, sibi illum parat.

II. Quare multa bonis viris adversa eveniunt ? Nihil accidere bono viro mali potest : non miscentur contra-

ria. Quemadmodum tot amnes, tantum superne deiec-
torum imbrium, tanta medicatorum vis fontium non
mutant saporem maris, ne remittunt quidem: ita adversarum inpetus rerum viri fortis non vertit animum.
Manet in statu et quicquid evenit, in suum colorem trahit. Est enim omnibus externis potentior. Nec hoc
dico, non sentit illa, sed vincit et alioquin quietus pla-
cidusque contra incurrentia adtollitur. Omnia adversa
exercitationes putat. ⚔ Quis autem, vir modo et erectus ad honesta, non est laboris adpetens insti et ad officia cum periculo promptus? cui non industrio otium
poena est? Athletas videmus, quibus virium cura est,
cum fortissimis quibusque confligere et exigere ab his
per quos certamini praeparantur, ut totis contra ipsos
viribus utantur: caedi se vexarique patiuntur et, si non
inveniunt singulos pares, pluribus simul obiciuntur. ⚔
Marcet sine adversario virtus: tunc adparet quanta sit
quantumque polleat, cum quid possit patientia ostendit.
Scias licet idem viris bonis esse faciendum, ut dura ac
difficilia non reformident nec de fato querantur: quicquid accidit, boni consulant, in bonum vertant. Non
quid, sed quemadmodum feras interest. Non vides,
quanto aliter patres, aliter matres indulgeant? illi ex-
ercitari iubent liberos ad studia obeunda mature, feri-
atis quoque diebus non patiuntur esse otiosos et sudorem illis et interdum lacrimas excutiunt: at matres
fovere in sinu, continere in umbra volunt, numquam
flere, numquam contristari, numquam laborare. ⚔ Pa-
trium deus habet adversus bonos viros animum et illos
fortiter amat et, operibus, inquit, doloribus, damnis exa-
gitentur, ut verum colligant robur. Languent per inertiam saginata·nec labore tantum, sed motu et ipso sui

onere deficiunt. Non fert ullum ictum inlaesa felicitas : at ubi adsidua fuit cum incommodis suis rixa, cal-
lum per iniurias duxit nec ulli malo cedit, sed etiam si
cecidit, de genu pugnat. ✠ Miraris tu, si deus ille bonorum amantissimus, qui illos quam optimos esse atque
excellentissimos vult, fortunam illis cum qua exerce-
antur adsignat ? Ego vero non miror. Si aliquando inpetum capiunt, spectant di magnos viros conluctantes
cum aliqua calamitate. Nobis interdum voluptati est, si
adulescens, constantis animi, inruentem feram venabulo
excepit, si leonis incursum interritus pertulit : tantoque
hoc spectaculum est gratius, quanto id honestior fecit.
✠ Non sunt ista, quae possint deorum in se voltum
convertere, puerilia et humanae oblectamenta levitatis.
Ecce spectaculum dignum ad quod respiciat intentus
operi suo deus; ecce par deo dignum, vir fortis cum
fortuna mala conpositus, utique si et provocavit. Non
video, inquam, quid habeat in terris Iupiter pulchrius,
si convertere animum velit, quam ut spectet Catonem
iam partibus non semel fractis stantem nihilominus
inter ruinas publicas rectum. ✠ Licet, inquit, omnia
in unius dicionem concesserint, custodiantur legionibus
terrae, classibus maria, Caesarianus portas miles obsi-
deat : Cato qua exeat habet. Una manu latam libertati viam faciet : ferrum istud, etiam civili bello purum
et innoxium, bonas tandem ac nobiles edet operas : libertatem quam patriae non potuit, Catoni dabit. Ad-
gredere, anime, diu meditatum opus, eripe te rebus humanis. ✠ Iam Petreius et Iuba concucurrerunt ia-
centque alter alterius manu caesi : fortis et egregia fati
conventio, sed quae non deceat magnitudinem nostram :
tam turpe est Catoni mortem ab ullo petere quam vi-

tam. Liquet mihi, cum magno spectasse gaudio deos,
cum ille vir, acerrimus sui vindex, alienae saluti consulit
et instruit discedentium fugam; dum studia etiam nocte
ultima tractat, dum gladium sacro pectori infigit, dum
viscera spargit et illam sanctissimam animam indig-
namque quae ferro contaminaretur, manu educit. Inde crediderim fuisse parum certum et efficax volnus:
non fuit dis inmortalibus satis spectare Catonem semel:
retenta ac revocata virtus est, ut in difficiliore parte se
ostenderet. Non enim tam magno animo mors inicitur
quam repetitur. Quidni libenter spectarent alumnum
suum tam claro ac memorabili exitu evadentem? mors
illos consecrat, quorum exitum et qui timent laudant.

III. Sed iam procedente oratione ostendam, quam
non sint quae videntur mala. Nunc illud dico, ista
quae tu vocas aspera, quae adversa et abominanda, primum pro ipsis esse quibus accidunt, deinde pro universis, quorum maior dis cura quam singulorum est:
post hoc volentibus accidere ac dignos malo esse, si
nolint. His adiciam fato ista sic et recte eadem lege
bonis evenire qua sunt boni. Persuadebo deinde tibi,
ne umquam boni viri miserearis: potest enim miser dici,
non potest esse. Difficillimum, ex omnibus quae proposui videtur quod primum dixi, pro ipsis esse quibus
eveniunt ista, quae horremus ac tremimus. Pro ipsis
est, inquis, in exilium proici, in egestatem deduci liberos, coniugem ecferre, ignominia adfici, debilitari? Si
miraris haec pro aliquo esse, miraberis quosdam ferro
et igne curari nec minus fame ac siti. Sed si cogitaveris tecum remedii causa quibusdam et radi ossa et legi
et extrahi venas et quaedam amputari membra, quae
sine totius pernicie corporis haerere non poterant, hoc

quoque patieris probari tibi, quaedam incommoda pro
his esse quibus accidunt, tam mehercules quam quaedam quae laudantur atque adpetuntur, contra eos esse
quos delectaverunt, simillima cruditatibus ebrietatibus-
que et ceteris quae necant per voluptatem. ✠ Inter
multa magnifica Demetrii nostri et haec vox est, a qua
recens sum: sonat adhuc et vibrat in auribus meis.
Nihil, inquit, *mihi videtur infelicius eo, cui nihil
umquam evenit adversi*.   Non licuit enim illi se experiri.   Ut ex voto illi fluxerint omnia, ut ante votum,
male tamen de illo di iudicaverunt: indignus visus est
a quo vinceretur aliquando fortuna, quae ignavissimum
quemque refugit, quasi dicat: 'Quid ergo istum mihi
adversarium adsumam? statim arma submittet: non
opus est in illum tota potentia mea: levi conminatione
pelletur: non potest sustinere voltum meum.   ✠ Alius
circumspiciatur cum quo conferre possimus manum:
pudet congredi cum homine vinci parato." Ignominiam
iudicat gladiator cum inferiore conponi et scit eum
sine gloria vinci, qui sine periculo vincitur.   Idem facit
fortuna; fortissimos sibi pares quaerit, quosdam fastidio transit.   Contumacissimum quemque et rectissi-
mum adgreditur, adversus quem vim suam intendat.
✠ Ignem experitur in Mucio, paupertatem in Fabricio,
exilium in Rutilio, tormenta in Regulo, venenum in
Socrate, mortem in Catone.   Magnum exemplum nisi
mala fortuna non invenit.   Infelix est Mucius, quod
dextera ignes hostium premit et ipse a se exigit erroris
sui poenas? quod regem quem armata manu non potuit, exustá fugat?   Quid ergo? felicior esset, si in sinu
amicae foveret manum?   ✠ Infelix est Fabricius, quod
rus suum, quantum a republica vacavit, fodit? quod

bellum tam cum Pyrrho, quam cum divitiis gerit? quod
ad focum coenat illas ipsas radices et herbas, quas in
repurgando agro triumphalis senex vulsit? Quid ergo?
felicior esset, si in ventrem suum longinqui litoris pisces
et peregrina aucupia congereret? si conchyliis superi
atque inferi maris pigritiam stomachi nauseantis erige-
ret? si ingenti pomorum strue cingeret primae formae
feras, captas multa caede venantium? Infelix est
Rutilius, quod qui illum damnaverunt, causam dicent
omnibus seculis? quod aequiore animo passus est se patriae eripi quam sibi exilium? Quod Sullae dictatori
solus aliquid negavit et revocatus non tantum retro
cessit, sed longius fugit? Viderint, inquit, isti quos Romae deprehendit felicitas tua. Videant largum in foro
sanguinem et supra Servilianum lacum (id enim pro-
scriptionis Sullanae spoliarium est) senatorum capita et
passim vagantis per urbem percussorum greges et multa
milia civium Romanorum uno loco post fidem, immo
per ipsam fidem trucidata. Videant ista qui exulare
non possunt." Quid ergo? felix est L. Sulla, quod illi
descendenti ad forum gladio submovetur, quod capita
sibi consularium virorum patitur ostendi et pretium
caedis per quaestorem ac tabulas publicas numerat? et
haec omnia facit ille, ille qui legem Corneliam tulit.
Veniamus ad Regulum: quid illi fortuna nocuit, quod
illum documentum fidei, documentum patientiae fecit?
Figunt cutem clavi et quocumque fatigatum corpus re-
clinavit, volneri incumbit, in perpetuam vigiliam suspensa sunt lumina. Quanto plus tormenti tanto
plus erit gloriae. Vis scire quam non poeniteat hoc
pretio aestimasse virtutem? Refice illum et mitte in senatum: eamdem sententiam dicet. Feliciorem ergo tu

Maecenatem putas, cui amoribus anxio et morosae uxoris cotidiana repudia deflenti, somnus per symphoniarum cantum ex longinquo lene resonantium quaeritur? Mero se licet sopiat et aquarum fragoribus avocet et mile voluptatibus mentem anxiam fallat, tam vigilabit in pluma quam ille in cruce. Sed illi solatium est pro honesto dura tolerare et ad causam a patientia respicit: hunc voluptatibus marcidum et felicitate nimia laborantem magis his quae patitur, vexat causa patiendi. Non usque eo, in possessionem generis humani vitia venerunt, ut dubium sit, an electione fati data, plures nasci Reguli quam Maecenates velint. Aut si quis fuerit, qui audeat dicere Maecenatem se quam Regulum nasci maluisse, idem iste, taceat licet, nasci se Terentiam maluit. Male tractatum Socratem iudicas, quod illam potionem publice mixtam non aliter quam medicamentum inmortalitatis obduxit et de morte disputavit usque ad ipsam? male cum illo actum est, quod gelatus est sanguis ac paulatim frigore inducto venarum vigor constitit? Quanto magis huic invidendum est quam illis, quibus gemma ministratur, quibus exoletus omnia pati doctus, exsectae virilitatis aut dubiae, suspensam auro nivem diluit? Hi quicquid biberunt, vomitu remetientur tristes et bilem suam regustantes, at ille venenum laetus et libens hauriet. Quod ad Catonem pertinet, satis dictum est, summamque illi felicitatem contigisse consensus hominum fatebitur: quem sibi rerum natura delegit, cum quo metuenda collideret. Inimicitiae potentium graves sunt? opponatur simul Pompeio, Caesari, Crasso. Grave est a deterioribus honore anteiri? Vatinio postferatur. Grave est civilibus bellis interesse? toto terrarum orbe

pro causa bona, tam infeliciter quam pertinaciter mili-
tet. Grave est sibi manus adferre? faciat. Quid per
haec, consequar? ut omnes sciant non esse haec mala,
quibus ego dignum Catonem putavi."

IV. Prospera, in plebem, ac vilia ingenia deveni-
unt: at calamitates terroresque mortalium, sub iugum
mittere, proprium magni viri est. Semper vero esse
felicem et sine morsu animi transire vitam ignorare est
rerum naturae alteram partem. Magnus es vir: sed
unde scio, si tibi fortuna non dat facultatem exhi-
bendae virtutis? 2. Descendisti ad Olympia, sed nemo
praeter te: coronam habes, victoriam non habes. Non
gratulor tamquam viro forti, sed tamquam consulatum
praeturamve adepto: honore auctus es. Idem dicere et
bono viro possum, si illi nullam occasionem difficilior
casus dedit in qua una, vim sui animi ostenderet. 3.
Miserum te iudico, quod numquam fuisti miser: tran-
sisti sine adversario vitam. Nemo sciet quid potueris:
ne tu quidem ipse. Opus est enim ad notitiam sui ex-
perimento: quid quisque posset nisi temptando non
didicit. Itaque quidam ipsi ultro se cessantibus malis
obtulerunt et virtuti iturae in obscurum, occasionem per
quam enitesceret quaesierunt. 4. Gaudent, inquam,
magni viri aliquando rebus adversis, non aliter quam
fortes milites bellis triumphant. Ego murmillonem sub
Tiberio Caesare de raritate munerum audivi queren-
tem: *Quam bella*, inquit, *aetas perit!* Avida est peri-
culi virtus et quo tendat, non quid passura sit cogitat:
quoniam etiam quod passura est, gloriae pars est. Militares viri gloriantur volneribus, laeti fluentem meliori
casu sanguinem ostentant. Idem licet fecerint qui integri revertuntur ex acie, magis spectatur qui saucius

sidium loco deiciant. Nemo eorum qui exeunt dicit,
Male de me imperator meruit; sed, Bene iudicavit.
Idem dicant quicumque iubentur pati timidis igna-
visque flebilia; Digni visi sumus deo, in quibus expe-
riretur, quantum humana natura posset pati. Fugite
delicias, fugite enervatam felicitatem, qua animi perma-
descunt (nisi aliquid intervenit quod humanae sortis ad-
moneat) velut perpetua ebrietate sopiti. 9. Quem specu-
laria semper ab adflatu vindicaverunt, cuius pedes inter
fomenta subinde mutata tepuerunt, cuius coenationes
subditus et parietibus circumfusus calor temperavit,
hunc levis aura non sine periculo stringet. Cum omnia
quae excesserunt modum noceant, periculosissima felicitatis intemperantia est. Movet cerebrum, in vanas
mentes imagines evocat, multum inter falsum ac verum
mediae caliginis fundit. 10. Quidni iis satius sit perpetuam infelicitatem advocata virtute sustinere quam infi-
nitis atque inmodicis bonis rumpi? Lenior ieiunio mors
est: cruditate dissiliunt. Hanc itaque rationem di sequuntur in bonis viris, quam in discipulis suis prae-
ceptores; qui plus laboris ab iis exigunt, in quibus
certior spes est. Numquid tu invisos esse Lacedaemo-
niis liberos suos credis, quorum experiuntur indolem
publice verberibus admotis? Ipsi illos patres adhor-
tantur, ut ictus flagellorum fortiter perferant et lace-
ros ac semianimes rogant, perseverent volnera praebere
volneribus. 11. Quid mirum, si dure generosos spiritus
deus temptat? numquam virtutis molle documentum
est. Verberat nos et lacerat fortuna: patimur: non est
saevitia, certamen est: quod si saepius adierimus, fortiores erimus. Solidissima corporis pars est quam frequens usus agitavit. Praebendi fortunae sumus, ut

contra illam ab ipsa duremur. Paulatim nos sibi pares
faciat: contemptum periculorum adsiduitas periclitandi
dabit. Sic sunt nauticis corpora a ferendo mari dura;
agricolis manus tritae; ad excutienda tela militares
lacerti valent; agilia sunt membra cursoribus. Id in
quoque solidissimum est quod exercuit. 12. Ad con-
temnendam malorum potentiam animus patientia pervenit: quae quid in nobis efficere possit scies, si adspexe-
ris, quantum nationibus nudis et inopia fortioribus labor
praestet. Omnes considera gentes, in quibus Romana
pax desinit, Germanos dico et quicquid circa Istrum
vagarum gentium occursat. Perpetua illos hiems, triste
coelum premit, maligne solum sterile sustentat, imbrem
culmo aut fronde defendunt, super durata glacie stagna
persultant, in alimentum feras captant. 13. Miseri tibi
videntur? nihil miserum est quod in naturam consuetudo perduxit: paulatim enim voluptati sunt quae
necessitate coeperunt. Nulla illis domicilia nullaeque
sedes sunt, nisi quas lassitudo in diem posuit: vilis et
hic quaerendus manu victus, horrenda iniquitas coeli,
intecta corpora: hoc quod tibi calamitas videtur, tot
gentium vita est. 14. Quid miraris bonos viros, ut con-
firmentur, concuti? Non est arbor solida nec fortis,
nisi in quam frequens ventus incursat: ipsa enim vexa-
tione constringitur et radices certius figit. Fragiles sunt
quae in aprica valle creverunt. Pro ipsis ergo bonis
viris est, ut esse interriti possint, multum inter formido-
losa versari et aequo animo ferre quae non sunt mala
nisi male sustinenti.

V. Adice nunc, quod pro omnibus est optimum
quemque, ut ita dicam, militare et edere operas. Hoc
est propositum deo quod sapienti viro, ostendere haec

quae volgus, adpetit, quae reformidat, nec bona esse
nec mala: adparebunt autem bona esse, si illa, non
nisi bonis viris, tribuerit, et mala esse, si tantum malis inrogaverit. Detestabilis erit caecitas, si nemo
oculos perdiderit, nisi cui eruendi sunt. Itaque ca-
reant luce Appius et Metellus. Non sunt divitiae
bonum.ᵢ 2. Itaque habeat illas et Elius leno, ut homines pecuniam, cum in templis consecraverint, videant et in fornice. Nullo modo magis potest deus
concupita traducere, quam si illa ad turpissimos de-
fert, ab optimis abigit. At iniquum est virum bonum debilitari aut constringi aut adligari, malos inte-
gris corporibus solutos ac delicatos incedere. · 3. Quid
porro? non est iniquum fortes viros arma sumere et
in castris pernoctare et pro vallo obligatis stare volneribus, interim in urbe securos esse praecisos et
professos inpudicitiam? Quid porro? non est iniquum nobilissimas virgines ad sacra facienda nocti-
bus excitari, altissimo somno inquinatas frui? Labor
optimos citat. Senatus per totum diem saepe consulitur, cum illo tempore vilissimus quisque aut in
campo otium suum oblectet aut in popina lateat aut
tempus in aliquo circulo terat. Idem in hac magna
republica fit: boni viri laborant, inpendunt, inpen-
duntur et volentes quidem; non trahuntur a fortuna,
sequuntur illam et aequant gradus: si scissent, ante-
cessissent. 4. Hanc quoque animosam Demetrii for-
tissimi viri vocem audisse me memini: *Hoc unum,*
inquit, *de vobis, di inmortales, queri possum, quod
non ante mihi voluntatem vestram, notam fecistis.
Prior enim ad ista venissem, ad quae nunc vocatus
adsum. Vultis liberos sumere? vobis illos sustuli.*

*Vultis aliquam partem corporis? sumite. Non
magnam rem promitto : cito totum relinquam.
Vultis spiritum? Quidni? nullam moram faciam,
quo minus recipiatis quod dedistis : a volente fere-
tis quicquid petieritis. Quid ergo est? maluissem
offerre quam tradere. Quid opus fuit auferre?
accipere potuistis. Sed ne nunc quidem auferetis,
quia nihil eripitur nisi retinenti. Nihil cogor,
nihil patior invitus nec servio deo, sed adsentior :
eo quidem magis, quod scio omnia certa et in aeternum dicta lege decurrere.* 5. Fata nos ducunt et
quantum cuique temporis restat, prima nascentium
hora disposuit. Causa pendet ex causa, privata ac
publica longus ordo rerum trahit. Ideo fortiter omne
patiendum est, quia non, ut putamus, incidunt cuncta,
sed veniunt. Olim constitutum est quid gaudeas, quid
fleas ; et quamvis magna videatur varietate singulorum
vita distingui, summa in unum venit : accipimus peri-
tura perituri. 6. Quid itaque indignamur? quid querimur? ad hoc parati sumus. Utatur ut vult suis natura corporibus : nos laeti ad omnia, et fortes cogite-
mus nihil perire de nostro. Quid est boni viri? praebere se fato. Grande solatium est cum universo rapi.
Quicquid est quod nos sic vivere, sic mori iussit, eadem
necessitate et deos adligat : inrevocabilis humana pariter ac divina cursus vehit. Ille ipse omnium condi-
tor et rector scripsit quidem fata, sed sequitur : semper paret, semel iussit. 7. Quare tamen deus tam
iniquus in distributione fati fuit, ut bonis viris paupertatem et volnera et acerba funera adscriberet?
Non potest artifex mutare materiam : haec passa est.
Quaedam separari a quibusdam non possunt, cohaerent,

iudividua sunt. Languida ingenia et in somnum itura aut in vigiliam somno simillimam inertibus nectuntur elementis : ut efficiatur vir cum cura dicendus, fortiore fato opus est. Non erit illi planum iter : sursum oportet ac deorsum eat, fluctuetur ac navigium in turbido regat: contra fortunam illi tenendus est cursus. 8. Multa accident dura, aspera, sed quae molliat et conplanet ipse. Ignis aurum probat, miseria fortes viros. Vide quam alte escendere debeat virtus : scies illi non per secura vadendum esse.

> Ardua prima via est et quam vix mane recentes
> Enituntur equi : medio est altissima coelo,
> Unde mare et terras ipsi mihi saepe videre
> Sit timor et pavida trepidet formidine pectus.
> Ultima prona via est et eget moderamine certo :
> Tunc etiam, quae me subiectis excipit undis,
> Ne ferar in praeceps, Tethys solet ~~ipsa~~ vereri. *ipsa*

9. Haec cum audisset ille generosus adulescens, Placet, inquit, via : escendo : est tanti per ista ire casuro. Non desinit acrem animum metu territare :

> Utque viam teneas nulloque errore traharis,
> Per tamen adversi gradieris cornua tauri
> Haemoniosque arcus violentique ora leonis.

Post haec ait, Iunge datos currus : his quibus deterreri me putas, incitor : libet illic stare ubi ipse Sol trepidat : humilis et inertis est tuta sectari : per alta virtus it.

VI. Quare tamen bonis viris patitur aliquid mali deus fieri ? Ille vero non patitur. Omnia mala ab illis removit, scelera et flagitia et cogitationes impro-

cumque via pervium est.   Ipsum illud quod vocatur
mori, quo anima discedit a corpore, brevius est, quam
ut sentiri tanta velocitas possit.   Sive fauces nodus
elisit, sive spiramentum aqua praeclusit, sive in caput
lapsos subiacentis soli duritia conminuit, sive haustus
ignis cursum animae remeantis interscidit: quicquid
est, properat.   Ecquid erubescitis? quod tam cito fit,
timetis diu?

Genius of the Roman People.   From a coin of Antoninus Pius, in the
British Museum.

L. ANNAEI SENECAE

AD SERENUM

DE TRANQUILLITATE ANIMI

LIBER UNUS.

In ipsa eloquentia, Seneca, duae tuae virtutes eximiae; copia in brevitate, vehementia in facilitate. De copia, bonus iudex et sagax statim agnoscit, et Fabius (Quintil.) ut peculiarem virtutem etiam alibi adsignat. . . . At de vehementia ego eius miror: et est tota oratio fere accincta, intenta, et robur in ea et acrimonia, qua vel ad Demosthenem se iactet. . . . Iudica sic, bone Lector, et bono. tuo Senecam ama.   LIPSIUS.

AD SERENUM

DE TRANQUILLITATE ANIMI.

I. Inquirenti mihi in me quaedam vitia adpare-
bant, Seneca, in aperto posita quae manu prenderem,
quaedam obscuriora et in recessu, quaedam non continua, sed ex intervallis redeuntia; quae vel molestis-
sima dixerim, ut hostes vagos et ex occasionibus adsi-
lientes, per quos neutrum licet, nec tamquam in bello
paratum esse nec tamquam in pace securum. Illum
tamen habitum in me maxime deprendo (quare enim
non verum ut medico fatear?) nec bona fide libera-
tum eis, quae timebam et oderam, nec rursus obnox-
ium. 2. In statu ut non pessimo, ita maxime que-
rulo et moroso positus sum: nec aegroto nec valeo.
Non est, quod dicas omnium virtutum tenera esse
principia, tempore illis duramentum et robur accedere. Non ignoro etiam quae in speciem laborant,
dignitatem dico et eloquentiae famam et quicquid
ad alienum suffragium venit, mora convalescere: et
quae veras vires parant et quae ad placendum fuco
quodam subornantur, exspectant annos, donec paulatim colorem diuturnitas ducat: sed ego vereor, ne
consuetudo, quae rebus adfert constantiam, hoc vitium mihi altius figat. 3. Tam malorum quam bo-

D

norum longa conversatio amorem induit. Haec animi inter utrumque dubii nec ad recta fortiter nec ad
prava vergentis infirmitas qualis sit, non tam semel
tibi possum quam per partes ostendere. Dicam quae
accidant mihi : tu morbo nomen invenies. Tenet me
summus amor parsimoniae, fateor : placet non in ambitionem cubile conpositum, non ex arcula prolata
vestis, non ponderibus ac mille tormentis splendere
cogentibus expressa, sed domestica et vilis, nec serva-
ta nec sumenda sollicite. 4. Placet cibus, quem nec
parent familiae nec spectent, non ante multos impe-
ratus dies nec multorum manibus ministratus, sed
parabilis facilisque, nihil habens arcessiti pretiosive,
ubilibet non defuturus, nec patrimonio nec corpori
gravis, non rediturus qua intraverit. Placet minister
incultus et rudis vernula, argentum grave rustici patris
sine ullo nomine artificis, et mensa non varietate ma-
cularum conspicua nec per multas dominorum ele-
gantium successiones civitati nota, sed in usum posita, quae nullius convivae oculos nec voluptate more-
tur nec accendat invidia. 5. Cum bene ista placue-
runt, praestringit animum adparatus alicuius paeda-
gogii, diligentius quam in tralatu vestita et auro
culta mancipia et agmen servorum nitentium : iam
domus etiam qua calcatur pretiosa et divitiis per
omnes angulos dissipatis, tecta ipsa fulgentia et ad-
sectator comesque patrimoniorum pereuntium populus. Quid perlucentis ad imum aquas et circumflu-
entes ipsa convivia, quid epulas loquar scena sua
dignas ? 6. Circumfudit me ex longo frugalitatis situ
venientem multo splendore luxuria et undique circum-
sonuit. Paulum titubat acies : facilius adversus illam

animum quam oculos adtollo. Recedo itaque non
peior, sed tristior ; nec inter illa frivola mea tam altus
incedo tacitusque morsus subit et dubitatio, numquid
illa meliora sint : nihil horum me mutat, nihil tamen
non concutit. Placet vim praeceptorum sequi et in
mediam ire rempublicam : placet honores fascesque
non scilicet purpura aut virgis adductum capessere,
sed ut amicis propinquisque et omnibus civibus, omnibus deinde mortalibus paratior utiliorque sim. 7.
Promptus, conpositus sequor Zenona, Cleanthen, Chry-
sippum ; quorum tamen nemo ad rempublicam accessit et nemo non misit. Ubi aliquid animam insolitam
arietari percussit, ubi aliquid occurrit aut indignum,
ut in omni vita humana multa sunt, aut parum ex
facili fluens, aut multum temporis res non magno ae-
stimandae poposcerunt, ad otium convertor et quemadmodum pecoribus fatigatis quoque velocior domum gradus est, placet intra parietes suos vitam coercere. 8. Nemo ullum auferat diem nihil dignum
tanto inpendio redditurus : sibi ipse animus haereat,
se colat, nihil alieni agat, nihil quod ad indicem
spectet : ametur expers publicae privataeque curae
tranquillitas. Sed ubi lectio fortior erexit animum
et aculeos subdiderunt exempla nobilia, prosilire libet
in forum, commodare alteri vocem, alteri operam,
etiam si nihil profuturam, tamen conaturam prodesse,
alicuius coercere in foro superbiam male secundis rebus elati. 9. In studiis puto mehercules melius esse
res ipsas intueri et harum causa loqui, ceterum verba
rebus permittere, ut qua duxerint hac inelaborata sequatur oratio. Quid opus est seculis duratura conponere ? Vis tu non id agere, ne te posteri taceant ?

morti natus es : minus molestiarum habet funus ta-
citum : itaque occupandi temporis causa, in usum
tuum, non in praeconium aliquid simplici stilo scribe :
minore labore opus est studentibus in diem. **10.** Rursus ubi se animus cogitationum magnitudine levavit,
ambitiosus in verba est altiusque ut sperare ita eloqui gestit et ad dignitatem rerum exit oratio : oblitus
tum legis pressiorisque iudicii sublimius feror et ore
iam non meo. Ne singula diutius persequar, in omnibus rebus haec me sequitur bonae mentis infirmitas :
cui ne paulatim defluam vereor, aut quod est sollici-
tius, ne semper casuro similis pendeam et plus fortasse sit quam quod ipse pervideo. Familiariter enim
domestica adspicimus et semper iudicio favor officit.
11. Puto multos potuisse ad sapientiam pervenire,
nisi putassent se pervenisse, nisi quaedam in se dissi-
mulassent, quaedam opertis oculis transsiluissent. Non
est enim, quod magis aliena iudices adulatione nos perire quam nostra. Quis sibi verum dicere ausus est ?
quis non inter laudantium blandientiumque positus
greges plurimum tamen sibi ipse adsentatus est ? **12.**
Rogo itaque, si quod habes remedium quo hanc fluctu-
ationem meam sistas, dignum me putes, qui tibi tranquillitatem debeam. Non esse periculosos motus animi nec quicquam tumultuosi adferentis scio : ut vera
tibi similitudine id, de quo queror, exprimam, non
tempestate vexor, sed nausia. Detrahe ergo, quicquid hoc est mali, et succurre in conspectu terrarum
laboranti.

II. Quaero mehercules iam dudum, Serene, ipse
tacitus, cui talem adfectum animi similem putem ; nec
ulli propius admoverim exemplo quam eorum, qui ex

longa et gravi valitudine expliciti motiunculis levi-
busque interim offensis perstringuntur et, cum reliquias effugerunt, suspicionibus tamen inquietantur
medicisque iam sani manum porrigunt et omnem
calorem corporis sui calumniantur. Horum, Serene,
non parum sanum est corpus, sed sanitati parum ad-
suevit: sicut est quidam tremor etiam tranquilli maris, utque lacus, cum ex tempestate requievit. **2.** Opus
est itaque non illis durioribus, quae etiam transcucurri-
mus, ut alicubi obstes tibi, alicubi irascaris, alicubi in-
stes gravis: sed illud, quod ultimum venit, ut fidem
tibi habeas et recta ire te via credas, nihil avocatus
transversis multorum vestigiis passim discurrentium,
quorumdam circa ipsam errantium viam. **3.** Quod
desideras autem, magnum et summum est deoque vicinum, non concuti. Hanc stabilem animi sedem
Graeci εὐθυμίαν vocant, de qua Democriti volumen
egregium est: ego *tranquillitatem* voco: nec enim
imitari et transferre verba ad illorum formam necesse
est: res ipsa, de qua agitur, aliquo signanda nomine
est, quod adpellationis Graecae vim debet habere, non
faciem. **4.** Ergo quaerimus, quomodo animus semper aequalis secundoque cursu eat propitiusque sibi
sit et sua laetus adspiciat et hoc gaudium non inter-
rumpat, sed placido statu maneat nec adtollens se umquam nec deprimens. Id *tranquillitas* erit. Quomodo ad hanc perveniri possit, in universum quaeramus: sumes tu ex publico remedio quantum voles.
Totum interim vitium in medium protrahendum est;
ex quo agnoscet quisque partem suam: simul tu intelleges, quanto minus negotii habeas cum fastidio
tui quam hi, quos ad professionem speciosam adliga-

tos et sub ingenti titulo laborantis in sua simulatione
pudor magis quam voluntas tenet. 5. Omnes in eadem causa sunt, et hi qui levitate vexantur ac taedio
adsiduaque mutatione propositi, quibus semper magis
placet quod reliquerunt, et illi, qui marcent et osci-
tantur. Adice eos, qui non aliter quam quibus difficilis somnus est, versant se et hoc atque illo modo
conponunt, donec quietem lassitudine inveniant : statum vitae suae formando subinde in eo novissime manent, in quo illos non mutandi odium, sed senectus ad
novandum pigra deprendit. Adice et illos, qui non
~~inconstantiae vitio~~ parum leves sunt, sed inertiae. Vivunt non quomodo volunt, sed quomodo coeperunt.
Innumerabiles deinceps proprietates sunt, sed unus
effectus vitii, sibi displicere. 6. Hoc oritur ab intem-
perie animi et cupiditatibus timidis aut parum pros-
peris ; ubi aut non audent, quantum concupiscunt,
aut non consequuntur et in spem toti prominent, semper instabiles mobilesque sunt, quod necesse est accidere pendentibus ad vota sua : omni vita pendent et
inhonesta se ac difficilia docent coguntque ; et ubi
sine praemio labor est, torquet illos inritum dedecus,
nec dolent prava, sed frustra voluisse. 7. Tunc illos
et poenitentia coepti tenet et incipiendi timor subre-
pitque illa animi iactatio non invenientis exitum, quia
nec imperare cupiditatibus suis nec obsequi possunt,
et cunctatio vitae parum se . explicantis et inter destituta vota torpentis animi situs. Quae omnia graviora
sunt, ubi odio infelicitatis operosae ad otium perfu-
gerunt et ad secreta studia, quae pati non potest animus ad civilia erectus agendique cupidus et natura
inquietus, parum silicet in se solatiorum habens : ideo

detractis oblectationibus, quas ipsae occupationes dis-
currentibus praebent, domum, solitudinem, parietes non
fert, invitus adspicit se sibi relictum. 8. Hinc illud
est taedium et displicentia sui et nusquam residentis
animi volutatio et otii sui tristis atque aegra patientia;
utique ubi causas fateri pudet et tormenta introrsus
egit verecundia, in angusto inclusae cupiditates sine
exitu se ipsae strangulant. Inde moeror marcorque
et mille fluctus mentis incertae, quam spes inchoatae
habent suspensam, deploratam, tristem : inde ille adfectus otium suum detestantium querentiumque nihil
ipsos habere quod agant, et alienis incrementis inimicissima invidia. 9. Alit enim livorem infelix inertia
et omnes destrui cupiunt, quia se non potuere prove-
here : ex hac deinde aversatione alienorum processu-
um et suorum desperatione obirascens fortunae animus et de seculo querens et in angulos se retrahens
et poenae incubans suae, dum illum taedet sui piget-
que. Natura enim humanus animus agilis est et pronus ad motus : grata omnis illi excitandi se abstra-
hendique materia est, gratior pessimis quibusque ingeniis, quae occupationibus libenter deteruntur. 10.
Ut ulcera quaedam nocituras manus adpetunt et tactu
gaudent et foedam corporum scabiem delectat quicquid exasperat : non aliter dixerim his mentibus, in
quas cupiditates velut mala ulcera eruperunt, voluptati
esse laborem vexationemque. Sunt enim quaedam,
quae corpus quoque nostrum cum quodam dolore de-
lectent, ut versare se et mutare nondum fessum latus,
et alio atque alio positu ventilari. 11. Qualis ille
Homericus Achilles est, modo pronus, modo supinus,
in varios habitus se ipse conponens, quod proprium

aegri est, nihil diu pati et mutationibus ut remediis
uti.   Inde peregrinationes suscipiuntur vagae et litora
pererrantur et modo mari se, modo terra experitur
semper praesentibus infesta levitas.   Nunc Campani-
am petamus: iam delicata fastidio sunt: inculta vi-
deantur.   Bruttios et Lucaniae saltus persequamur:
aliquid tamen inter deserta amoeni requiratur, in quo
luxuriosi oculi longo locorum horrentium squalore
releventur.   12. Tarentum petatur laudatusque por-
tus et hiberna coeli mitioris, regio vel antiquae satis
opulenta turbae.   Iam flectamus cursum ad urbem:
nimis diu a plausu et fragore aures vacaverunt;
iuvat iam et humano sanguine frui. · Aliud ex alio
iter suscipitur et spectacula spectaculis mutantur, ut
ait Lucretius,

Hoc se quisque modo semper fugit.

13. Sed quid prodest, si non effugit? sequitur se ipse
et urget gravissimus comes.   Itaque scire debemus
non locorum vitium esse quo laboramus, sed nostrum.
Infirmi sumus ad omne tolerandum, nec laboris pati-
entes nec voluptatis, nec nostrae nec ullius rei diutius.
Hoc quosdam egit ad mortem, quod proposita saepe
mutando in eadem revolvebantur et non reliquerant
novitati locum.   Fastidio esse illis coepit vita et ipse
mundus; et subit illud rabidarum deliciarum, *Quous-
que eadem ?*

    III. Adversus hoc taedium quo auxilio putem uten-
dum quaeris.   Optimum erat, ut ait Athenodorus, ac-
tione rerum et reipublicae tractatione et officiis civilibus se detinere: nam ut quidam sole atque exercita-
tione et cura corporis diem ducunt athletisque longe

utilissimum est lacertos suos roburque, cui se uni dica-
verunt, maiore temporis parte nutrire: ita nobis animum ad rerum civilium certamen parantibus iu opere
esse non longe pulcherrimum est? nam cum utilem se
efficere civibus mortalibusque propositum habeat, simul
et exercetur et proficit, qui in mediis se officiis posuit
communia privataque pro facultate administrans. **2.**
Sed quia in hac, inquit, tam insana hominum ambitione
tot calumniatoribus in deterius recta torquentibus parum tuta simplicitas est et plus futurum semper est,
quod obstet quam quod succedat, a foro quidem et publico recedendum est; sed habet, ubi se etiam in privato
laxe explicet magnus animus: nec ut leonum animali-
umque inpetus caveis coercetur, sic hominum, quorum
maxime in seducto actiones sunt. **3.** Ita tamen deli-
tuerit, ut ubicumque otium suum absconderit, prodesse
velit singulis universisque ingenio, voce, consilio. Nec
enim is solus reipublicae prodest, qui candidatos extrahit et tuetur reos et de pace belloquo censet, sed qui
iuventutem exhortatur, qui in tanta bonorum praeceptorum inopia virtute instituit animos, qui ad pecuniam
luxuriamque cursu ruentis prensat ac retrahit et, si
nihil aliud, certe moratur, in privato publicum negotium agit. **4.** An ille plus praestat, qui inter peregri-
nos et cives aut urbanus praetor adeuntibus adsessoris
verba pronuntiat, quam qui quid sit iustitia, quid pietas,
quid patientia, quid fortitudo, quid mortis contemptus,
quid deorum intellectus, quam gratuitum bonum sit
bona conscientia? Ergo si tempus in studia conferas,
quod subduxeris officiis, non deserueris nec munus de-
trectaveris. **5.** Neque enim ille solus militat, qui in
acie stat et cornu dextrum laevumque defendit, sed qui

portas tuetur et statione minus periculosa, non otiosa
tamen fungitur vigiliasque servat et armamentario prae-
est: quae ministeria quamvis incruenta sint, in numerum stipendiorum veniunt. Si te ad studia revocaveris,
omne vitae fastidium effugeris nec noctem fieri optabis
taedio lucis, nec tibi gravis eris nec aliis supervacuus:
multos in amicitiam adtrahes adfluetque ad te optimus
quisque. 6. Numquam enim quamvis obscura virtus
latet, sed mittit sui signa: quisquis dignus fuerit, vestigiis illam colliget.   Nam si omnem conversationem
tollimus et generi humano renuntiamus vivimusque in
nos tantum conversi, sequetur hanc solitudinem omni
studio carentem inopia rerum agendarum. Incipiemus
aedificia alia ponere, alia subvertere et mare submovere
et aquas contra difficultatem locorum educere et male
dispensare tempus, quod nobis natura consumendum
dedit. 7. Alii parce illo utimur, alii prodige: alii sic
inpendimus, ut possimus rationem reddere, alii, ut nullas habeamus reliquias; qua re nihil turpius est. Saepe
grandis natu senex nullum aliud habet argumentum,
quo se probet diu vixisse, praeter aetatem.   Mihi, carissime Serene, nimis videtur submisisse temporibus se
Athenodorus, nimis cito refugisse.   Ne ego negaverim
aliquando cedendum; sed sensim relato gradu et salvis
signis, salva militari dignitate.   Sanctiores tutioresque
sunt hostibus suis, qui in fidem cum armis veniunt. 8.
Hoc puto virtuti faciendum studiosoque virtutis.   Si
praevalebit fortuna et praecidet agendi facultatem,
non statim aversus inermisque fugiat latebras quae-
rens, quasi ullus locus sit in quo non possit fortuna
persequi, sed parcius se inferat officiis et cum delectu
inveniat aliquid, in quo utilis civitati sit. Militare non

licet? honores spectet: privato vivendum est? sit orator:
silentium indictum est? tacita advocatione cives iuvet:
periculosum etiam ingressu forum est? in domibus, in
spectaculis, in conviviis bonum contubernalem, fidelem
amicum, temperantem convivam agat. **9.** Officia si civis amiserit, hominis exerceat. Ideo magno animo nos
non unius urbis moenibus clusimus, sed in totius orbis
commercium emisimus patriamque nobis mundum pro-
fessi sumus, ut liceret latiorem virtuti campum dare.
Praeclusum tibi tribunal est et rostris prohiberis aut
comitiis? respice post te quantum latissimarum regio-
num pateat, quantum populorum: numquam ita tibi
magna pars obstruetur, ut non maior relinquatur. **10.**
Sed vide, ne totum istud tuum vitium sit: non vis enim
nisi consul aut prytanis aut ceryx aut sufes administrare
rempublicam. Quid si militare nolis nisi imperator aut
tribunus? etiam si alii primam frontem tenebunt, te sors
inter triarios posuerit; inde voce, adhortatione, exemplo,
animo milita. Praecisis quoque manibus ille in proelio
invenit, quod partibus conferat, qui stat tamen et clamore iuvat. Tale quiddam facias: si a prima te reipublicae parte fortuna submoverit, stes tamen et clamore
iuves et, si quis fauces oppresserit, stes tamen et silentio
iuves. **11.** Numquam inutilis est opera civis boni:
auditus eius risusque voltu, nutu, obstinatione tacita
incessuque ipso prodest. Ut salutaria quae citra gus-
tum tactumque odore proficiunt, ita virtus utilitatem
etiam ex longinquo et latens fundit, sive spatiatur et
se utitur suo iure, sive precarios habet excessus cogi-
turque vela contrahere, sive otiosa mutaque est et angusto circumsepta, sive adaperta: in quocumque habitu
est, prodest. Quid? tu parum utile putas exemplum

bene quiescentis? **12.** Longe itaque optimum est miscere otium rebus, quotiens actuosa vita inpedimentis
fortuitis aut civitatis condicione prohibetur.   Numquam enim usque eo interclusa sunt omnia, ut nulli
actioni locus honestae sit.   Numquid potes invenire
urbem miseriorem quam Atheniensium fuit, cum illam
triginta tyranni divellerent? mille trecentos cives, optimum quemque occiderant nec finem ideo faciebant,
sed inritabat se ipsa saevitia.   **13.** In qua civitate erat
Areos pagos, religiosissimum iudicium, in qua senatus
populusque senatu similis coibat cotidie carnificum
triste collegium et infelix curia tyrannis angusta.   Po-
teratne illa civitas conquiescere, in qua tot tyranni
erant quot satellites essent?   Ne spes quidem ulla re-
cipiendae libertatis animis poterat offerri; nec ulli
remedio locus adparebat contra tantam vim malorum:
unde enim miserae civitati tot Harmodios?   **14.** Socrates tamen in medio erat et lugentes patres consola-
batur et desperantes de republica exhortabatur et divi-
tibus opes suas metuentibus exprobrabat seram pericu-
losae avaritiae poenitentiam et imitari volentibus magnum circumferebat exemplar, cum inter triginta dominos liber incederet.   Hunc tamen Athenae ipsae in
carcere occiderunt; et qui tuto insultaverat agmini
tyrannorum eius libertatem libertas non tulit: ut scias
et in adflicta republica esse occasionem sapienti viro
ad se proferendum et in florenti ac beata pecuniam,
invidiam, mille alia inermia vitia regnare.   **15.** Utcumque ergo se respublica dabit, utcumque fortuna
permittet, ita aut explicabimus nos aut contrahemus:
utique movebimus nec adligati metu torpebimus.   Immo ille vir fuerit, qui periculis undique inminentibus,

Non enim debet; servare se voluit, nec obruere. Rf.

armis circa et catenis frementibus non adliserit virtutem nec absconderit. (Non est enim servare se obruere.)
16. Ut opinor, Curius Dentatus aiebat, *Malle esse se mortuum quam vivere.* Ultimum malorum est vivorum numero exire, antequam moriaris. Sed faciendum erit, si in reipublicae tempus minus tractabile incideris, ut plus otio ac literis vindices: nec aliter quam in periculosa navigatione subinde portum petas nec exspectes, donec res te dimittant, sed ab illis te ipse diiungas.

IV. Inspicere autem debebimus primum nosmetipsos, deinde ea quae adgrediemur negotia, deinde eos quorum causa aut cum quibus. Ante omnia necesse est se ipsum aestimare, quia fere plus nobis videmur posse quam possumus. Alius eloquentiae fiducia prolabitur; alius patrimonio suo plus imperavit quam ferre posset; alius infirmum corpus laborioso pressit officio. 2. Quorumdam parum idonea est verecundia rebus civilibus, quae primam frontem desiderant: quorumdam contumacia non facit ad aulam: quidam non habent iram in potestate et illos ad temeraria verba quaelibet indignatio offert: quidam urbanitatem nesciunt continere nec periculosis abstinent salibus. Omnibus his utilior negotio quies est: ferox inpatiensque natura inritamenta nociturae libertatis evitet.

V. Aestimanda sunt deinde ipsa, quae adgredimur, et vires nostrae cum rebus, quas temptaturi sumus, conparandae. Debet enim semper plus esse virium in actore quam in onere: necesse est opprimant onera, quae ferente maiora sunt. 2. Quaedam praeterea non tam magna sunt negotia quam fecunda multumque negotiorum ferunt: et haec refugienda sunt, ex quibus nova

occupatio multiplexque nascetur. Nec accedendum eo;
unde liber regressus non sit: iis admovenda manus est,
quorum finem aut facere aut certe sperare possis: re-
linquenda, quae latius actu procedunt nec ubi proposu-
eris desinunt.

VI. Hominum utique delectus habendus est: an
digni sint quibus partem vitae nostrae inpendamus, an
ad illos temporis nostri iactura perveniat. Quidam
enim ultro officia nobis nostra inputant. Athenodorus
ait, *ne ad coenam quidem se iturum ad eum, qui sibi
nil pro hoc debiturus sit.* Puto intellegis multo minus
ad eos iturum, qui cum amicorum officiis[paria mensa]
faciunt, qui fericula pro congiariis numerant, quasi in
alienum honorem intemperantes sint. 2. Deme illis tes-
tes spectatoresque, non delectabit popina secreta. Con-
siderandum est, utrum natura tua agendis rebus an oti-
oso studio contemplationique aptior sit, et eo inclinan-
dum quo te vis ingenii feret. Isocrates Ephorum in-
iecta manu a foro subduxit utiliorem conponendis mo-
numentis historiarum ratus. Male enim respondent
coacta ingenia: reluctante natura inritus labor est.

VII. Nihil tamen aeque oblectaverit animum quam
amicitia fidelis et dulcis. Quantum bonum est, ubi
sunt praeparata pectora, in quae tuto secretum omne
descendat, quorum conscientiam minus quam tuam ti-
meas, quorum sermo sollicitudinem leniat, sententia
consilium expediat, hilaritas tristitiam dissipet, con-
spectus ipse delectet? Quos scilicet vacuos, quantum
fieri poterit, a cupiditatibus eligemus. 2. Serpunt enim
vitia et in proximum quemque transsiliunt et contactu
nocent. Itaque, ut in pestilentia curandum est, ne
correptis iam corporibus et morbo flagrantibus adsi-

deamus, quia pericula trahemus adflatuque ipso labora-
bimus: ita in amicorum legendis ingeniis dabimus operam, ut quam minime inquinatos adsumamus. Initium
morbi est aegris sana miscere. Nec hoc praeceperim
tibi, ut neminem nisi sapientem sequaris aut adtrahas:
ubi enim istum invenies, quem tot seculis quaerimus?
pro optimo est minime malus. 3. Vix tibi esset facultas delectus felicioris, si inter Platonas et Xenophontas
et illum Socratici fetus proventum bonos quaereres, aut
si tibi potestas Catonianae fieret aetatis, quae plerosque dignos tulit, qui Catonis seculo nascerentur, sicut
multos peiores quam umquam alias maximorumque
molitores scelerum. Utraque enim turba opus erat,
ut Cato posset intellegi: habere debuit et bonos, quibus se adprobaret, et malos, in quibus vim suam expe-
riretur. 4. Nunc vero in tanta bonorum egestate minus fastidiosa fiat electio: praecipue tamen vitentur
tristes et omnia deplorantes, quibus nulla non causa in
querelas placet. Constet illi licet fides et benevolen-
tia; tranquillitati tamen inimicus est comes perturba-
tus et omnia gemens.

VIII. Transeamus ad patrimonia, maximam humanarum aerumnarum materiam. Nam si omnia alia,
quibus angimur, conpares, mortes, aegrotationes, metus, desideria, dolorum laborumque patientiam, cum iis
quae nobis mala pecunia nostra exhibet, haec pars multum praegravabit. Itaque cogitandum est, quanto le-
vior dolor sit non habere quam perdere: et intellege-
mus paupertati eo minorem tormentorum quo minorem damnorum esse materiam. 2. Erras enim, si putas
animosius detrimenta divites ferre: maximis minimis-
que corporibus par est dolor volneris. Bion eleganter

ait *non minus molestum esse calvis quam comatis pilos velli.* Idem scias licet de pauperibus locupletibusque, par illis esse tormentum : utrisque enim pecunia sua obhaesit nec sine sensu revelli potest. Tolerabilius autem est, ut dixi, faciliusque non adquirere quam amittere ; ideoque laetiores videbis quos numquam fortuna respexit, quam quos deseruit. 3. Vidit hoc Diogenes, vir ingentis animi, et effecit, ne quid sibi eripi posset. Tu istud paupertatem, inopiam, egestatem voca, quod voles ignominiosum securitati nomen inpone: putabo hunc non esse felicem, si quem mihi alium inveneris, cui nihil pereat. Aut ego fallor, aut regnum est inter avaros, circumscriptores, latrones, plagiarios unum esse, cui noceri non possit. Si quis de felicitate Diogenis dubitat, potest idem dubitare et de deorum inmortalium statu, an parum beate degant, quod illis nec praedia nec horti sint nec alieno colono rura pretiosa nec grande in foro fenus. 4. Non te pudet, quisquis divitiis adstupes ? respice agedum mundum : nudos videbis deos, omnia dantes, nihil habentes. Hunc tu pauperem putas an dis inmortalibus similem, qui se fortuitis omnibus exuit ? Feliciorem tu Demetrium Pompeianum vocas, quem non puduit locupletiorem esse Pompeio? Numerus illi cotidie servorum velut imperatori exercitus referebatur, cui iam dudum divitiae esse debuerant duo vicarii et cella laxior. 5. At Diogeni servus unicus fugit nec eum reducere, cum monstraretur, tanti putavit. *Turpe est,* inquit, *Manen sine Diogene posse vivere, Diogenen sine Mane non posse.* Videtur mihi dixisse : age tuum negotium, fortuna: nihil apud Diogenen iam tui est. Fugit mihi servus ? immo liber abiit. Familia petit vestiarium victumque: tot ventres avidissimorum animalium tuendi sunt: emenda vestis et custodiendae rapacissimae manus et flentium detestantiumque ministeriis utendum. **6.** Quanto ille felicior, qui nihil ulli debet, nisi quod facillime negat sibi? Sed quoniam non est nobis tantum roboris, augustanda certe sunt patrimonia, ut minus ad iniurias fortunae simus expositi. Habiliora sunt corpora in bello, quae in arma sua contrahi possunt, quam quae superfunduntur et undique magnitudo sua volneribus obiecit. Optimus pecuniae modus est, qui nec in paupertatem cadit, nec procul a paupertate discedit.

IX. Placebit autem haec nobis mensura, si prius parsimonia placuerit; sine qua nec ullae opes sufficiunt, nec ullae non satis patent; praesertim cum in vicino remedium sit et possit ipsa paupertas in divitias se advocata frugalitate convertere. Adsuescamus a nobis removere pompam, et usus rerum, non ornamenta metiri. Cibus famem domet, potio sitim, libido qua necesse est fluat. Discamus membris nostris inniti, cultum victumque non ad nova exempla conponere, sed ut maiorum mores suadent. **2.** Discamus continentiam augere, luxuriam coercere, gulam temperare, iracundiam lenire, paupertatem aequis oculis adspicere, frugalitatem colere, etiam si similes nos pudebit esse populo, desideriis naturalibus parvo parata remedia adhibere, spes effrenatas et animum in futura eminentem velut sub vinculis habere, id agere, ut divitias a nobis potius quam a fortuna petamus. Non potest umquam tanta varietas et iniquitas casuum ita depelli, ut non multum procellarum inruat magna armamenta pandentibus: cogendae in artum

res sunt, ut tela in vanum cadant. 3. Ideoque exilia
interdum calamitatesque in remedium cessere et le-
vioribus incommodis graviora sanata sunt, ubi parum
audit praecepta animus nec curari mollius potest.
Quidni consulitur, si et paupertas et ignominia et
rerum eversio adhibetur? malo malum opponitur.
Adsuescamus ergo coenare posse sine populo et ser-
vis paucioribus serviri et vestes parare in quod in-
ventae sunt, habitare contractius.   Non in cursu tantum circique certamine, sed in his spatiis vitae inte-
rius fiectendum est.   4. Studiorum quoque quae libe-
ralissima inpensa est, tamdiu rationem habet, quamdiu modum.   Quo innumerabiles libros et bibliothe-
cas, quarum dominus vix tota vita indices perlegit?
Onerat discentem turba, non instruit ; multoque satius est paucis te auctoribus tradere, quam errare per
multos.   Quadraginta milia librorum Alexandriae ar-
serunt, pulcherrimum regiae opulentiae monumentum :
alius laudaverit, sicut et Livius, qui *elegantiae regum
curaeque egregium id opus* ait *fuisse.*   5. Non fuit
elegantia illud aut cura, sed studiosa luxuria ; immo
ne studiosa quidem, quoniam non in studium, sed
in spectaculum conparaverant, sicut plerisque igna-
ris etiam servilium literarum libri non studiorum
instrumenta, sed coenationum ornamenta sunt.   Pa-
retur itaque librorum quantum satis sit, nihil in ad-
paratum.   6. Honestius, inquis, hocce inpensae quam
in Corinthia pictasque tabulas effuderint.   Vitio-
sum est ubique, quod nimium est.   Quid habes,
cur ignoscas homini armaria citro atque ebore cap-
tanti, corpora conquirenti aut ignotorum auctorum
aut inprobatorum et inter tot milia librorum oscitanti,

cui voluminum suorum frontes maxime placent titulique ? 7. Apud desidiosissimos ergo videbis quicquid orationum historiarumque est, tecto tenus exstructa loculamenta : iam enim inter balnearia et thermas bibliotheca quoque ut necessarium domus ornamentum expolitur. Ignoscerem plane, si studiorum nimia cupidine oriretur : nunc ista conquisita, cum imaginibus suis descripta et sacrorum opera ingeniorum in speciem et cultum parietum conparantur.

X. At ad aliquod genus vitae difficile incidisti et tibi ignoranti vel publica fortuna vel privata laqueum inpegit, quem nec solvere posses nec erumpere. Cogita conpeditos primo aegre ferre onera et inpedimenta crurum : deinde ubi non indignari illa, sed pati proposuerunt, necessitas fortiter ferre docet, consuetudo facile. Invenies in quolibet genere vitae oblectamenta et remissiones et voluptates, si nolueris, malam putare vitam potius quam invidiosam facere. 2. Nullo melius nomine de nobis natura meruit, quam quod, cum sciret quibus aerumnis nasceremur, calamitatum mollimentum consuetudinem invenit, cito in familiaritatem gravissima adducens. Nemo duraret, si rerum adversarum eamdem vim adsiduitas haberet quam primus ictus. Omnes cum fortuna copulati sumus : aliorum aurea catena est, aliorum laxa, aliorum arta et sordida. 3. Sed quid refert ? eadem custodia universos circumdedit adligatique sunt etiam qui adligaverunt ; nisi forte tu leviorem in sinistra catenam putas. Alium honores, alium opes vinciunt : quosdam nobilitas, quosdam humilitas premit : quibusdam aliena supra caput imperia sunt, quibusdam sua : quosdam exilia uno loco tenent, quosdam sacerdotia.

Omnis vita servitium est. 4. Adsuescendum est itaque condicioni suae et quam minimum de illa que-
rendum et quicquid habet circa se commodi, ad-
prendendum. Nihil tam acerbum est, in quo non
aequus animus solatium inveniat. Exiguae saepe
areae in multos usus describentis arte patuerunt et
quamvis angustum pedem dispositio fecit habitabi-
lem. Adhibe rationem difficultatibus : possunt et
dura molliri et angusta laxari et gravia scite ferentis
minus premere. 5. Non sunt praeterea cupiditates
in longinquum mittendae, sed in vicinum illis egredi
permittamus, quoniam includi ex toto non patiuntur.
Relictis his, quae aut non possunt fieri aut difficulter
possunt, prope posita speique nostrae adludentia sequamur; sed sciamus omnia aeque levia esse, extrinsecus diversas facies habentia, introrsus pariter vana.
Nec invideamus altius stantibus : quae excelsa videbantur, praerupta sunt. 6. Illi rursus, quos sors iniqua in ancipiti posuit, tutiores erunt superbiam de-
trahendo rebus per se superbis et fortunam suam,
quam maxime poterunt, in planum deferendo. Multi quidem sunt, quibus necessario haerendum sit in
fastigio suo, ex quo non possunt nisi cadendo descendere : sed hoc ipsum testentur maximum onus suum
esse, quod aliis graves esse cogantur, nec sublevatos
se, sed suffixos : institia, mansuetudine humana, larga
et benigna manu praeparent multa ad secundos casus
praesidia, quorum spe securius pendeant. 7. Nihil
tamen aeque nos ab his animi fluctibus vindicaverit,
quam semper aliquem incrementis terminum figere :
nec fortunae arbitrium desinendi dare, sed ipsos multo quidem citra exempla hortentur consistere. Sic et

aliquae cupiditates animum acuent [et] finitae, non in inmensum incertumque producent.

XI. Ad inperfectos et mediocres et male sanos hic meus sermo pertinet, non ad sapientem. Huic non timide nec pedetentim ambulandum est : tanta enim fiducia sui est, ut obviam fortunae ire non dubitet nec umquam loco illi cessurus sit : nec habet, ubi illam timeat, quia non mancipia tantum possessionesque et dignitatem, sed corpus quoque suum et oculos et manum et quicquid cariorem vitam facturum seque ipsum inter precaria numerat vivitque ut commodatus sibi et reposcentibus sine tristitia redditurus. 2. Nec ideo vilis est sibi, quia scit se suum non esse ; sed omnia tam diligenter faciet, tam circumspecte, quam religiosus homo sanctusque solet tueri fidei commissa. Quandocumque autem reddere iubebitur, non queretur cum fortuna, sed dicet : Gratias ago pro eo, quod possedi habuique. Magna quidem res tuas mercede colui, sed quia imperas, do, cedo gratus libensque : si quid habere me tui volueris, etiam nunc servabo : si aliud placet, ego vero factum signatumque argentum, domum familiamque meam reddo, restituo. 3. Adpellaverit natura quae prior nobis credidit, et huic dicemus : Recipe animum meliorem quam dedisti : non tergiversor nec refugio : paratum habes a volente, quod non sentienti dedisti : aufer. Reverti unde veneris quid grave est ? male vivet, quisquis nesciet bene mori. Huic itaque primum rei pretium detrahendum est et spiritus in servilia numerandus. *Gladiatores*, ut ait Cicero, *invisos habemus, si omni modo vitam inpetrare cupiunt : favemus, si contemptum eius prae se ferunt.* Idem

evenire nobis scias: saepe enim causa moriendi est
timide mori. 4. Fortuna illa, quae ludos sibi facit,
Quo, inquit, te reservem, malum et trepidum animal?
eo magis convolneraberis et confodieris, quia nescis
praebere iugulum. At tu et vives diutius et mori-
eris expeditius, qui ferrum non subducta cervice nec
manibus oppositis, sed animose recipis. Qui mortem
timebit, nihil umquam pro homine vivo faciet: at
qui sciat hoc sibi cum conciperetur statim condictum,
vivet ad formulam et simul illud quoque eodem animi robore praestabit, ne quid ex iis, quae eveniunt,
subitum sit. 5. Quicquid enim fieri potest, quasi futurum sit, prospiciendo malorum omnium inpetus
molliet; qui ad praeparatos exspectantesque nihil ad-
ferunt novi, securis et beata tantum spectantibus graves veniunt. Morbus enim, captivitas, ruina, ignis,
nihil horum repentinum est. Sciebam, in quam tu-
multuosum me contubernium natura clusisset: totiens in vicinia mea conclamatum est, totiens praeter
limen inmaturas exsequias fax cereusque praecessit:
saepe a latere ruentis aedificii fragor sonuit: multos ex iis, quos forum, curia, sermo mecum contrax-
erat, nox abstulit et iunctas ad sodalitium manus
capulus interscidit. 6. Mirer ad me aliquando pericula accessisse, quae circa me semper erraverint?
Magna pars hominum est, quae navigatura de tempestate non cogitat. Numquam me in bona re mali
pudebit auctoris. Publius, tragicis comicisque vehementior ingeniis, quotiens mimicas ineptias et verba
ad summam caveam spectantia reliquit, inter multa
alia cothurno, non tantum sipario fortiora, et hoc ait:

Cuivis potest accidere quod cuiquam potest.

7. Hoc si quis in medullas demiserit et omnia aliena
mala, quorum ingens cotidie copia est, sic adspexerit,
tamquam liberum illis et ad se iter sit; multo ante
se armabit quam petatur. Sero animus ad periculorum patientiam post pericula instruitur. Non putavi
hoc futurum: et umquam tu hoc eventurum credi-
disses? Quare autem non? Quae sunt divitiae, quas
non egestas et fames et mendicitas a tergo sequatur?
Quae dignitas, cuius non praetextam et augurale et lora
patricia sordes comitentur et exportatio, notae et mille
maculae et extrema contemptio? 8. Quod regnum
est, cui non parata sit ruina et proculcatio et dominus
et carnifex? nec magnis ista intervallis divisa, sed horae momentum interest inter solium et aliena genua.
Scito ergo omnem condicionem versabilem esse et
quicquid in ullum incurrit, posse in te quoque incur-
rere. Locuples es? numquid divitior Pompeio? cui
cum Caius, vetus cognatus, hospes novus, aperuisset
Caesaris domum, ut suam cluderet, defuit panis, aqua:
cum tot flumina possideret in suo orientia, in suo ca-
dentia, mendicavit stillicidia: fame ac siti periit in
palatio· cognati, dum illi heres publicum funus esuri-
enti locat. 9. Honoribus summis functus es? numquid aut tam magnis aut tam insperatis aut tam universis quam Seianus? Quo die illum senatus de-
duxerat, populus in frusta divisit: in quem, quicquid
congeri poterat, di hominesque contulerant, ex eo
nihil superfuit, quod carnifex traheret. Rex es? non
ad Croesum te mittam, qui rogum suum et escendit
iussus et exstingui vidit, factus non regno tantum,
sed etiam morti suae superstes: non ad Iugurtham,
quem populus Romanus intra annum, quam timuerat,

spectavit. **10.** Ptolemaeum Africae regem, Armeniae
Mithridaten inter Caianas custodias vidimus : alter in
exilium missus est, alter ut meliore fide mitteretur,
optabat. In tanta rerum sursum ac deorsum eunti-
um versatione si non quicquid fieri potest, pro futuro
habes, das in te vires rebus adversis, quas infregit,
quisquis prior vidit. **11.** Proximum ab his erit, ne
aut in supervacuis aut ex supervacuo laboremus, id
est, ne aut quae non possumus consequi, concup:'' ι-
mus, aut adepti vanitatem cupiditatium nostrarum
sero post multum pudorem intellegamus : id est, ne
aut labor inritus sit sine effectu aut effectus labore
indignus. Fere enim ex his tristitia sequitur, si aut
non successit aut successus pudet.

XII. Circumcidenda concursatio, qualis est magnae
parti hominum domos et theatra et fora pererran-
tium. Alienis se negotiis offerunt, semper aliquid
agentibus similes. Horum si aliquem exeuntem e
domo interrogaveris, Quo tu ? quid cogitas ? respondebit tibi : Non mehercules scio : sed aliquos videbo,
aliquid agam. Sine proposito vagantur quaerentes
negotia nec quae destinaverunt agunt, sed in quae in-
currerunt. Inconsultus illis vanusque cursus est, qualis formicis per arbusta repentibus, quae in summum
cacumen, deinde in imum inanes aguntur. **2.** His plerique similem vitam agunt, quorum non inmerito quis
inquietam inertiam dixerit. Quorumdam quasi ad
incendium currentium misereris : usque eo inpellunt
obvios et se aliosque praecipitant, cum interim cu-
currerunt aut salutaturi aliquem non resalutaturum
aut funus ignoti hominis prosecuturi, aut iudicium
saepe litigantis aut sponsalia saepe nubentis, et lec-

ticam adsectati quibusdam locis etiam tulerunt: deinde domum cum supervacua redeuntes lassitudine
iurant nescisse se ipsos, quare exierint, ubi fuerint,
postero die erraturi per eadem illa vestigia. Omnis
itaque labor aliquo referatur, aliquo respiciat. **3.**
Non industria, inquietos et insanos falsae rerum imagines agitant: nam ne illi quidem sine aliqua spe
moventur, proritat illos alicuius rei species, cuius
vanitatem capta mens non coarguit. Eodem modo
unumquemque ex his, qui ad augendam turbam exeunt, inanes et leves causae per urbem circumducunt
nihilque habentem, in quod laboret, lux orta expellit;
et cum multorum frustra liminibus illisus nomencu-
latores persalutavit, a multis exclusus neminem ex
omnibus difficilius domi quam se convenit. **4.** Ex
hoc malo dependet illud teterrimum vitium, auscul-
tatio et publicorum secretorumque inquisitio et multarum rerum scientia, quae nec tuto narrantur nec
tuto audiuntur. Hoc secutum puto Democritum ita
coepisse; *Qui tranquille volet vivere, nec privatim*
agat multa nec publice, ad supervacua scilicet referentem. Nam si necessaria sunt, et privatim et
publice non tantum multa, sed innumerabilia agenda
sunt: ubi vero nullum officium sollemne nos citat,
inhibendae actiones.

XIII. Nam qui multa agit, saepe fortunae potesta-
tem sui facit; quam tutissimum est raro experiri, ceterum semper de illa cogitare et nihil sibi de fide eius
promittere. Navigabo, nisi si quid inciderit: et praetor fiam, nisi si quid obstiterit: et negotiatio mihi
respondebit, nisi si quid intervenerit. **2.** Hoc est
quare sapienti nihil contra opinionem dicamus ac-

E

cidere : non illum casibus hominum excerpimus, sed
erroribus ; nec illi omnia ut voluit cedunt, sed ut cogitavit : inprimis autem cogitavit aliud posse propositis suis resistere. Necesse est autem levius ad
animum pervenire destitutae cupiditatis dolorem, cui
successum non utique promiseris.

XIV. Faciles etiam nos facere debemus, ne nimis
destinatis rebus indulgeamus; transeamusque in ea, in
quae nos casus deduxerit, nec mutationes aut consilii
aut status pertimescamus, dummodo nos levitas, inimi-
cissimum quieti vitium, non excipiat. Nam et perti-
nacia necesse est anxia et misera sit, cui fortuna saepe
aliquid extorquet, et levitas multo gravior nusquam se
continens. Utrumque infestum est tranquillitati, et
nihil mutare posse et nihil pati. 2. Utique animus ab
omnibus externis in se revocandus est : sibi confidat,
se gaudeat, sua suspiciat, recedat, quantum potest, ab
alienis et se sibi adplicet, damna non sentiat, etiam adversa benigne interpretetur. Nuntiato naufragio Ze-
non noster, cum omnia sua audiret submersa, *Iubet*,
inquit, *me fortuna expeditius philosophari.* Minaba-
tur Theodoro philosopho tyrannus mortem et quidem
insepultam. *Habes*, inquit, *cur tibi placeas : hemina
sanguinis in tua potestate est : nam quod ad sepultu-
ram pertinet, o te ineptum, si putas mea interesse supra terram an infra putrescam.* 3. Canus Iulius, vir
inprimis magnus, cuius admirationi ne hoc quidem
obstat, quod nostro seculo natus est, cum Caio diu al-
tercatus, postquam abeunti Phalaris ille dixit, *Ne forte
inepta spe tibi blandiaris, duci te iussi : Gratias*, inquit, *ago, optime princeps.* Quid senserit dubito : multa enim mihi occurrunt. Contumeliosus esse voluit et

ostendere, quanta crudelitas esset, in qua mors beneficium erat? An exprobravit illi cotidianam dementiam? agebant enim gratias et quorum liberi occisi et
quorum bona ablata erant. **4.** An tamquam libertatem
libenter accepit? Quicquid est, magno animo respon-
dit. Dicet aliquis: Potuit post hoc iubere illum Caius
vivere. Non timuit hoc Canus: nota erat Caii in ta-
libus imperiis fides. Credisne illum decem medios
usque ad supplicium dies sine ulla sollicitudine exe-
gisse? verisimile non est, quae vir ille dixerit, quae
fecerit, quam in tranquillo fuerit. Ludebat latruncu-
lis, cum centurio agmen periturorum trahens illum
quoque excitari iuberet. Vocatus numeravit calculos
et sodali suo, *Vide*, inquit, *ne post mortem meam mentiaris te vicisse.* **5.** Tum adnuens centurioni, *Testis*,
inquit, *eris uno me antecedere.* Lusisse tu Canum illa
tabula putas? inlusit. Tristes erant amici talem amis-
suri virum. *Quid moesti*, inquit, *estis? Vos quaeritis an inmortales animae sint: ego iam sciam :* nec
desiit veritatem in ipso fine scrutari et ex morte sua
quaestionem habere. Prosequebatur illum philosophus
suus nec iam procul erat tumulus, in quo Caesari deo
nostro fiebat cotidianum sacrum. Is, *Quid*, inquit, *Ca-
ne, nunc cogitas? aut quae tibi mens est?* *Observare*,
inquit Canus, *proposui illo velocissimo momento an
sensurus sit animus exire se :* promisitque, si quid ex-
plorasset, circumiturum amicos et indicaturum, quis
esset animarum status. **6.** Ecce in media tempestate
tranquillitas: ecce animus aeternitate dignus, qui fatum suum in argumentum veri vocat; qui in ultimo
illo gradu positus exeuntem animam percunctatur nec
usque ad mortem tantum, sed aliquid etiam ex ipsa

morte discit: nemo diutius philosophatus.   Sed non
raptim relinquetur magnus vir et cum cura dicendus:
dabimus te in omnem memoriam, clarissimum caput,
Caianae cladis magna portio!

XV. Sed nihil prodest privatae tristitiae causas abie-
cisse.   Occupat enim nonnumquam odium generis humani et occurrit tot scelerum felicium turba, cum cogitaveris, quam sit rara simplicitas et quam ignota innocentia et vix umquam, nisi cum expedit, fides, et libidinis lucra damnaque pariter invisa et ambitio usque eo
iam se suis non continens terminis, ut per turpitudinem
splendeat.   Agitur animus in noctem et velut eversis
virtutibus, quas nec sperare licet nec habere prodest,
tenebrae oboriuntur.   2. In hoc itaque flectendi sumus,
ut omnia volgi vitia non invisa nobis, sed ridicula vide-
antur et Democritum potius imitemur quam Heracli-
tum.   Hic enim, quotiens in publicum processerat, flebat, ille ridebat: huic omnia, quae agimus, miseriae, illi
ineptiae videbantur.   Elevanda ergo omnia et facili animo ferenda: humanius est deridere vitam quam deplo-
rare. · 3. Adice quod de humano quoque genere melius
meretur qui ridet illud, quam qui luget.   Ille et spei
bonae aliquid relinquit; hic autem stulte deflet, quae
corrigi posse desperat: et universa contemplatus maioris animi est, qui risum non tenet quam qui lacrimas,
quando levissimum adfectum animi movet et nihil magnum, nihil severum, ne serium quidem ex tanto paratu
putat.   Singula propter quae laeti ac tristes sumus, sibi
quisque proponat et sciet verum esse quod Bion dixit,
*Omnia hominum negotia similia initiis esse nec vitam
illorum magis sanctam aut severam esse quam* [concep-
tum.] 4. Sed satius est publicos mores et humana vitia

placide accipere nec in risum nec in lacrimas exciden-
tem. Nam alienis malis torqueri aeterna miseria est,
alienis delectari malis voluptas inhumana : sicut illa
inutilis humanitas flere, quia aliquis filiam efferat, et
frontem suam fingere. In suis quoque malis ita gerere
se oportet, ut dolori tantum des, quantum poscit, non
quantum consuetudo. Plerique enim lacrimas fun-
dunt, ut ostendant, et totiens siccos oculos habent, quotiens spectator defuit, turpe iudicantes non flere, cum
omnes faciant. 5. Adeo penitus hoc se malum fixit, ex
aliena opinione pendere, ut in simulationem etiam res
simplicissima, dolor, veniat. Sequetur pars, quae solet
non inmerito contristare et in sollicitudinem adducere,
ubi bonorum exitus mali sunt: ut Socrates cogitur in
carcere mori, Rutilius in exilio vivere, Pompeius et
Cicero clientibus suis praebere cervicem, Cato ille, virtutum viva imago, incumbens gladio simul de se ac de
republica palam facere. 6. Necesse est torqueri tam
iniqua praemia fortunam persolvere : et quid sibi quisque nunc speret, cum videat pessima optimos pati?
Quid ergo est? vide quomodo quisque illorum tulerit;
et si fortes fuerunt, ipsorum illos animos desidera : si
muliebriter et ignave perierunt, nihil periit. Aut digni
sunt, quorum virtus tibi placeat, aut indigni, quorum
desideretur ignavia. Quid enim est turpius quam, si
maximi viri timidos fortiter moriendo faciunt? Lau-
demus totiens dignum laudibus et dicamus: Tanto fortior, tanto felicior! hominis effugisti casus, livorem,
morbum : existi ex custodia : non tu dignus mala fortuna dis visus es, sed indignus, in quem iam aliquid
fortuna posset. 7. Subducentibus vero se et in ipsa
morte ad vitam respectantibus manus iniciendae sunt.

Neminem flebo lactum, neminem flentem : ille lacrimas meas ipse abstersit, hic suis lacrimis effecit, ne ullis
dignus sit.   Ego Herculem fleam, quod vivus uritur,
aut Regulum, quod tot clavis transfigitur, aut Catonem,
quod volnere suo ?   Omnes isti levi temporis inpensa
invenerunt, quomodo aeterni fierent, et ad inmortalita-
tem moriendo venerunt. **8.** Est et illa sollicitudinum
non mediocris materia, si te anxie conponas nec ullis
simpliciter ostendas; qualis multorum vita est, ficta,
ostentationi parata.   Torquet enim adsidua observatio
sui et deprehendi aliter ac solet, metuit; nec umquam
cura solvimur, ubi totiens nos aestimari putamus, quotiens adspici.   Nam et multa incidunt, quae invitos
denudent, et, ut bene cedat tanta sui diligentia, non
tamen iucunda vita aut secura est semper sub persona
viventium. **9.** At illa quantum habet voluptatis sincera et per se [inornata] simplicitas, nihil obtendens moribus suis ?   Subit tamen et haec vita contemptus
periculum, si omnia omnibus patent : sunt enim qui
fastidiant, quicquid propius adierunt.   Sed nec virtuti
periculum est, ne admota oculis revilescat, et satius est
simplicitate contemni quam perpetua simulatione torqueri.   Modum tamen rei adhibeamus : multum interest, simpliciter vivas an neglegenter.   Multum et in
se recedendum est : conversatio enim dissimilium bene
conposita disturbat et renovat adfectus et quicquid inbecillum in animo nec percuratum est, exulcerat. **10.**
Miscenda tamen ista et alternanda sint, solitudo et fre-
quentia.   Illa nobis faciet hominum desiderium, haec
nostri ; et erit alteri alterius remedium : odium turbae
sanabit solitudo, taedium solitudinis turba.   Nec in
eadem intentione aequaliter retinenda mens est, sed

ad iocos devocanda. Cum puerulis Socrates ludere
non erubescebat; et Cato vino laxabat animum curis
publicis fatigatum. **11.** Et Scipio triumphale illud
ac militare corpus movet ad numeros, non molliter se
infringens, ut nunc mos est etiam incessu ipso ultra
muliebrem mollitiam fluentibus, sed ut antiqui illi viri
solebant inter lusum ac festa tempora virilem in modum tripudiare, non facturi detrimentum, etiam si ab
hostibus suis spectarentur. Danda est animis remis-
sio: meliores acrioresque requieti surgent. Ut fertili-
bus agris non est imperandum (cito enim illos exhau-
riet numquam intermissa fecunditas), ita animorum
inpetus adsiduus labor franget. Vires recipient paulum resoluti et emissi. **12.** Nascitur ex adsiduitate la-
borum animorum hebetatio quaedam et languor: nec
ad hoc tanta hominum cupiditas tenderet, nisi natu-
ralem quamdam voluptatem haberet lusus iocusque:
quorum frequens usus omne animis pondus omnemque vim eripiet. Nam et somnus refectioni necessa-
rius est: hunc tamen si per diem noctemque conti-
nues, mors erit. Multum interest, remittas aliquid,
an solvas. Legum conditores festos instituerunt dies,
ut ad hilaritatem homines publice cogerentur, tamquam necessarium laboribus interponentes tempera-
mentum. **13.** Et magni, ut dixi, viri quidam sibi men-
struas certis diebus ferias dabant; quidam nullum non
diem inter otium et curas dividebant: qualem Polli-
onem Asinium, oratorem magnum, meminimus quem
nulla res ultra decumam retinuit: ne epistulas quidem post eam horam legebat, ne quid novae curae
nasceretur; sed totius diei lassitudinem duabus illis
horis ponebat. Quidam medio die interiunxerunt et

in postmeridianas horas aliquid levioris operae dis-
tulerunt.   14. Maiores quoque nostri novam relatio-
nem post horam decimam in senatu fieri vetabant.
Miles vigilias dividit et nox inmunis est ab expedi-
tione redeuntium.   Indulgendum est animo dandum-
que subinde otium, quod alimenti ac virium loco sit:
et in ambulationibus apertis vagandum, ut coelo libero et multo spiritu augeat adtollatque se animus.
Aliquando vectatio iterque et mutata regio vigorem
dabunt convictusque et liberalior potio: nonnumquam
et usque ad ebrietatem veniendum, non ut mergat
nos, sed ut deprimat.   15. Eluit enim curas et ab
imo animum movet et ut morbis quibusdam ita tristitiae medetur.   *Liber*que non ob licentiam linguae
dictus est inventor vini, sed quia liberat servitio cu-
rarum animum et adserit vegetatque et audaciorem
in omnes conatus facit.   Sed ut libertatis ita vini sa-
lubris moderatio est.   Solonem Arcesilaumque indulsisse vino credunt.   Catoni ebrietas obiecta est: facilius efficiet, quisquis obiecerit, hoc crimen honestum
quam turpem Catonem.   Sed nec saepe faciendum
est, ne animus malam consuetudinem ducat, et aliquando tamen in exsultationem libertatemque extra-
hendus tristisque sobrietas removenda paulisper. 16.
Nam sive Graeco poetae credimus, *aliquando et insanire iucundum est;* sive Platoni, *frustra poeticas
fores conpos sui pepulit;* sive Aristoteli, *nullum
magnum ingenium sine mixtura dementiae fuit:*
non potest grande aliquid et super ceteros loqui nisi
mota mens.   Cum volgaria et solita contempsit in-
stinctuque sacro surrexit excelsior, tunc demum aliquid cecinit grandius ore mortali.   17. Non potest

sublime quicquam et in arduo positum contingere, quamdiu apud se est: desciscat oportet a solito et efferatur et mordeat frenos et rectorem rapiat suum eoque ferat, quo per se timuisset escendere.

Habes, Serene carissime, quae possint tranquillitatem tueri, quae restituere, quae subrepentibus vitiis resistant. Illud tamen scito, nihil horum satis esse validum rem inbecillam servantibus, nisi intenta et adsidua cura circumit animum labentem.

Coin of Nero, with façade of the Macellum Augusti. From the British Museum.

E 2

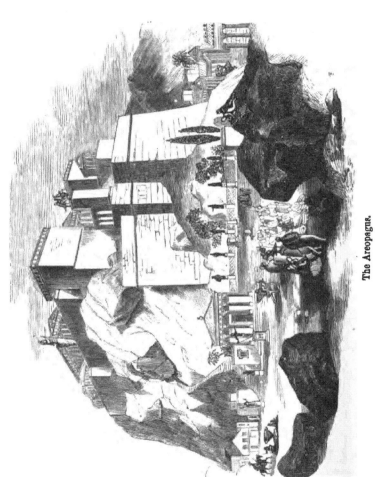

The Areopagus.

L. ANNAEI SENECAE

AD PAULINUM

DE BREVITATE VITAE

LIBER UNUS.

The spirit of Stoicism existing by itself is narrow and harsh; it has too great affinity to pride and egotism; it is too repressive of the spontaneous feelings, of art, and poetry, and geniality of life. On the other hand, it is the stimulus to live above the world. Hence while the bare Stoical spirit, in whatever form, produces only an imperfect and repulsive character, a certain leaven of it, to say the least, is necessary: else would a man be wanting in all effort and aspiration of mind.

SIR ALEX. GRANT.

AD PAULINUM

DE BREVITATE VITAE.

I. MAIOR pars mortalium, Pauline, de naturae ma-
lignitate conqueritur, quod in exiguum aevi gignimur,
quod haec tam velociter, tam rapide dati nobis temporis spatia decurrant, adeo ut exceptis admodum
paucis ceteros in ipso vitae adparatu vita destituat.
Nec huic publico, ut opinantur, malo turba tantum
et inpudens volgus ingemuit : clarorum quoque virorum hic adfectus querelas evocavit. Inde illa maximi medicorum exclamatio est, *Vitam brevem esse, longam artem.* **2.** Inde Aristotelis cum rerum natura
exigentis minime conveniens sapienti viro lis est : ait
istam *animalibus tantum indulsisse, ut quina aut
dena secula educerent ; homini in tam multa ac
magna genito tanto citeriorem terminum stare.* **3.**
Non exiguum temporis habemus, sed multum perdi-
dimus. Satis longa vita et in maximarum rerum
consummationem large data est, si tota bene conloca-
retur. Sed ubi per luxum ac neglegentiam diffluit,
ubi nullae bonae rei inpenditur ; ultima demum necessitate cogente, quam ire non intelleximus, transisse
sentimus. **4.** Ita est, non accepimus brevem vitam,
sed fecimus ; nec inopes eius, sed prodigi sumus. Sic-

ut amplae et regiae opes, ubi ad malum dominum pervenerunt, momento dissipantur, at quamvis modicae, si bono custodi traditae sunt, usu crescunt: ita aetas nostra bene disponenti multum patet.

II. Quid de rerum natura querimur? illa se benigne gessit: vita, si uti scias, longa est. Alium insatiabilis tenet avaritia, alium in supervacuis laboribus operosa sedulitas: alius vino madet: alius inertia torpet: alium defatigat ex alienis iudiciis suspensa semper ambitio: alium mercandi praeceps cupiditas circa omnes terras, omnia maria spe lucri ducit. Quosdam torquet cupido militiae numquam non aut alienis periculis intentos aut suis anxios: sunt quos ingratus superiorum cultus voluntaria servitute consumat. 2. Multos aut adfectatio alienae fortunae aut suae odium detinuit: plerosque nihil certum sequentis vaga et inconstans et sibi displicens levitas per nova consilia iactavit. Quibusdam nihil, quo cursum dirigant, placet, sed marcentis oscitantisque fata deprehendunt, adeo ut quod apud maximum poetarum more oraculi dictum est, verum esse non dubitem:

Exigua pars est vitae quam nos vivimus.

Ceterum quidem omne spatium non vita, sed tempus est. 3. Urgentia circumstant vitia undique nec resurgere aut in dispectum veri adtollere oculos sinunt et mersos et in cupiditatem infixos premunt. Numquam illis recurrere ad se licet, si quando aliqua fortuito quies contigit: veluti profundo mari, in quo post ventum quoque volutatio est, fluctuantur nec umquam illis a cupiditatibus suis otium instat. De istis me putas disserere, quorum in confesso mala

sunt ? adspice illos, ad quorum felicitatem concur-
ritur : bonis suis effocantur. **4.** Quam multis divitiae graves sunt? quam multorum eloquentia co-
tidiano ostentandi ingenii spatio sanguinem educit?
quam multi continuis voluptatibus pallent? quam
multis nihil liberi relinquit circumfusus clientium
populus? Omnis denique istos ab infimis usque ad
summos pererra: hic advocat, hic adest: ille pericli-
tatur, ille defendit, ille iudicat. Nemo se sibi vindicat: alius in alium consumimur. **5.** Interroga de
istis, quorum nomina ediscuntur: his illos dignosci
videbis notis: Ille illius cultor est, hic illius: suus
nemo est. Deinde dementissima quorumdam indignatio est : queruntur de superiorum fastidio, quod
ipsis adire volentibus non vacaverint. Audet quisquam de alterius superbia queri, qui sibi ipse numquam vacat? Ille tamen te, quisquis est, insolenti
quidem voltu, sed aliquando respexit: ille aures suas
ad tua verba demisit: ille te ad latus suum recepit:
tu non inspicere te umquam, non audire dignatus es.

III. Non est itaque, quod ista officia cuiquam in-
putes ; quoniam quidem, cum illa faceres, non esse
cum aliquo volebas, sed tecum esse non poteras.
Omnia licet quae umquam ingenia fulserunt in hoc
unum consentiant, numquam satis hanc humanarum
mentium caliginem mirabuntur. Praedia sua occu-
pari a nullo patiuntur et, si exigua contentio est de
modo finium, ad lapides et arma discurrunt: in vitam
suam incedere alios sinunt, immo vero ipsi etiam
possessores eius futuros inducunt. Nemo invenitur,
qui pecuniam suam dividere velit : vitam unusquisque quam multis distribuit? **2.** Adstricti sunt in

continendo patrimonio, simul ad iacturam temporis
ventum est, profusissimi in eo, cuius unius honesta
avaritia est. Libet itaque ex seniorum turba conpre-
hendere aliquem. Pervenisse te ad ultimum aetatis
humanae videmus: centesimus tibi vel supra premi-
tur annus: agedum, ad conputationem aetatem tuam
revoca. Dic, quantum ex isto tempore creditor, quantum amica, quantum rex, quantum cliens abstulerit:
quantum lis uxoria, quantum servorum coercitio, quantum officiosa per urbem discursatio. 3. Adice morbos,
quos manu fecimus: adice quod et sine usu iacuit:
videbis te pauciores annos habere quam numeras.
Repete memoria tecum, quando certus consilii fueris;
quotus quisque dies ut destinaveras recesserit; quando
tibi usus tui fuerit; quando in statu suo voltus, quando animus intrepidus; quid tibi in tam longo aevo
facti operis sit; quam multi vitam tuam diripuerint
te non sentiente quid perderes; quantum vanus dolor, stulta laetitia, avida cupiditas, blanda conversatio abstulerit; quam exiguum tibi de tuo relictum
sit: intelleges te inmaturum mori.

IV. Quid ergo est in causa? tamquam semper victu-
ri vivitis: numquam vobis fragilitas vestra succurrit:
non observatis, quantum iam temporis transierit: velut ex pleno et abundanti perditis, cum interim fortasse ille ipse qui alicui vel homini vel rei donatur
dies ultimus sit. Omnia tamquam mortales timetis,
omnia tamquam inmortales concupiscitis. Audies
plerosque dicentes; A quinquagesimo anno in otium
secedam: sexagesimus me annus ab officiis dimittet.
Et quem tandem longioris vitae praedem accipis? quis
ista sicut disponis ire patietur? 2. Non pudet te re-

liquias vitae tibi reservare et id solum tempus bonae
menti destinare, quod in nullam rem conferri possit?
Quam serum est tunc vivere incipere, cum desinendum est? quae tam stulta mortalitatis oblivio in quin-
quagesimum et sexagesimum annum differre sana consilia et inde velle vitam inchoare, quo pauci perduxe-
runt? **3.** Potentissimis et in altum sublatis hominibus excidere voces videbis, quibus otium optent, lau-
dent, omnibus bonis suis praeferant. Cupiunt interim ex illo fastigio suo, si tuto liceat, descendere.
Nam ut nihil extra lacessat aut quatiat: in te ipsa
fortuna ruit.

V. Divus Augustus, cui di plura quam ulli praesti-
terunt, non desiit quietem sibi precari et vacationem
a republica petere. Omnis eius sermo ad hoc semper
revolutus est, ut speraret otium. Hoc labores suos,
etiam si falso, dulci tamen oblectabat solatio, aliquando se victurum sibi. In quadam ad senatum missa
epistula, cum requiem suam non vacuam fore digni-
tatis nec a priore gloria discrepantem pollicitus esset,
haec verba inveni: **2.** *Sed ista fieri speciosius quam
promitti possunt: me tamen cupido temporis op-
tatissimi mihi provexit, ut quoniam rerum laetitia
moratur adhuc, perciperem aliquid voluptatis ex
verborum dulcedine.* Tanta visa est res otium, ut illam, quia usu non poterat, cogitatione praesumeret.
Qui omnia videbat ex se uno pendentia, qui hominibus gentibusque fortunam dabat, illum diem laetissi-
mus cogitabat, quo magnitudinem suam exueret. **3.**
Expertus erat, quantum illa bona per omnes terras
fulgentia sudoris exprimerent, quantum occultarum
sollicitudinum tegerent: cum civibus primum, deinde

cum collegis, novissime cum adfinibus coactus armis
decernere mari terraque sanguinem fudit : per Ma-
cedoniam, Siciliam, Aegyptum, Syriam Asiamque et
omnis prope oras bello circumactus Romana caede
lassos exercitus ad externa bella convertit. **4.** Dum
Alpes placat inmixtosque mediae paci et imperio
hostes perdomat, dum ultra Rhenum et Euphraten et
Danubium terminos movet, in ipsa urbe Murenae,
Caepionis, Lepidi, Egnatiorum in eum mucrones acu-
ebantur. Nondum horum effugerat insidias : filia et
tot nobiles iuvenes adulterio velut sacramento adacti
iam infractam aetatem territabant : plusque et iterum
timenda cum Antonio mulier. **5.** Haec ulcera cum
ipsis membris absciderat ; alia subnascebantur : velut
grave multo sanguine corpus, partes semper aliquae
rumpebantur. Itaque otium optabat : in huius spe
et cogitatione labores eius residebant : hoc votum erat
eius, qui voti conpotes facere poterat. Marcus Cicero
inter Catilinas, Clodios iactatus Pompeiosque et Cras-
sos, partim manifestos inimicos, partim dubios amicos,
dum fluctuatur cum republica et illam pessum euntem
tenet, novissime abductus, nec secundis rebus quietus
nec adversarum patiens, quotiens illum ipsum consulatum suum non sine causa, sed sine fine laudatum de-
testatur ? **6.** Quam flebiles voces exprimit in quadam
ad Atticum epistula iam victo patre Pompeio, adhuc
filio in Hispania fracta arma refovente ? *Quid agam,*
inquit, *hic quaeris ? moror in Tusculano meo semi-*
liber. Alia deinceps adicit, quibus et priorem aetatem conplorat et de praesenti queritur et de futura
desperat. Semiliberum se dixit Cicero : at mehercules numquam sapiens in tam humile nomen procedet,

numquam semiliber erit; integrae semper libertatis
et solidae, solutus, et sui iuris et altior ceteris. Quid
enim supra eum potest esse, qui supra fortunam est?

VI. Livius Drusus, vir acer et vehemens, cum leges
novas et mala Gracchana movisset, stipatus ingenti
totius Italiae coetu, exitum rerum non pervidens, quas
nec agere licebat nec iam liberum erat semel inchoatas
relinquere, exsecratus inquietam a primordiis vitam
dicitur dixisse, *Uni sibi ne puero quidem umquam
ferias contigisse.* Ausus est enim et pupillus adhuc
et praetextatus iudicibus reos commendare et gratiam
suam foro interponere tam efficaciter quidem, ut quaedam iudicia constet ab illo rapta. **2.** Quo non erum-
peret tam inmatura ambitio? scires in malum ingens
et privatum et publicum evasuram praecoquem audaciam. Sero itaque querebatur nullas sibi ferias contigisse a puero seditiosus et foro gravis. Disputatur,
an ipse sibi manus adtulerit: subito enim volnere per
inguen accepto conlapsus est, aliquo dubitante, an mors
eius voluntaria esset, nullo, an tempestiva. **3.** Supervacuum est commemorare plures qui, cum aliis felicis-
simi viderentur, ipsi in se verum testimonium dixerunt,
perosi omnem actum annorum suorum. Sed his que-
relis nec alios mutaverunt nec se ipsos. Nam cum
verba eruperunt, adfectus ad consuetudinem relabun-
tur. Vestra mehercules vita, licet supra mille annos
exeat, in artissimum contrahetur. Ista vitia nullum
non seculum devorabunt: hoc vero spatium quod,
quamvis natura currit, ratio dilatat, cito vos effugiat
necesse est. **4.** Non enim adprehenditis nec retinetis
nec velocissimae omnium rei moram facitis, sed abire
ut rem supervacuam ac reparabilem sinitis. In primis

autem et illos numero, qui nulli rei nisi vino ac libidini
vacant: nulli enim turpius occupati sunt: ceteri etiam si vana gloriae imagine teneantur, speciose tamen
errant. 5. Licet avaros mihi, licet vel iracundos enume-
res vel odia exercentes iniusta vel bella: omnes isti vi-
rilius peccant: in Venerèm ac libidinem proiectorum
inhonesta tabes est. Omnia istorum tempora excute:
adspice quamdiu conputent, quamdiu insidientur,
quamdiu timeant, quamdiu colant, quamdiu colantur,
quantum vadimonia sua atque aliena occupent, quantum convivia, quae iam ipsa officia sunt: videbis, quemadmodum illos respirare non sinant vel mala sua vel
bona. 6. Denique inter omnes convenit nullam rem
bene exerceri posse ab homine occupato, non eloquentiam, non liberales disciplinas, quando districtus animus nihil altius recipit, sed omnia velut inculcata respuit. Nihil minus est hominis occupati quam vivere:
nullius rei difficilior scientia est.

VII. Professores aliarum artium volgo multique
sunt: quasdam vero ex his pueri admodum ita perce-
pisse visi sunt, ut etiam praecipere possent: vivere
tota vita discendum est et, quod magis fortasse mira-
bere, tota vita discendum est mori. Tot maximi viri
relictis omnibus inpedimentis, cum divitiis, officiis,
voluptatibus renuntiassent, hoc unum in extremam
usque aetatem egerunt, ut vivere scirent: plures tamen ex his nondum se scire confessi vita abierunt;
nedum ut isti sciant. 2. Magni, mihi crede, et supra
humanos errores eminentis viri est nihil ex suo tempore delibari sinere: et ideo eius vita longissima est,
quia, quantumcumque patuit, totum ipsi vacavit. Nihil inde incultum otiosumque iacuit, nihil sub alio

fuit : neque enim quicquam reperit dignum, quod
cum tempore suo permutaret custos eius parcissimus.
Itaque satis illi fuit : his vero necesse est defuisse, ex
quorum vita multum populus tulit. 3. Nec est quod
putes hinc illos aliquando intellegere damnum suum :
plerosque certe audies ex his, quos magna felicitas
gravat, inter clientium greges aut causarum actiones
aut ceteras honestas miserias exclamare interdum, Vivere mihi non licet. Quidni non liceat ? omnes illi,
qui te sibi advocant, tibi abducunt. Ille reus quot
dies abstulit ? quot ille candidatus ? quot illa anus ef-
ferendis heredibus lassa ? quot ille ad inritandam ava-
ritiam captantium simulatus aeger ? quot ille potentior
amicus, qui vos non in amicitiam, sed in adparatu habet ? 4. Dispunge, inquam, et recense vitae tuae dies :
videbis paucos admodum et reiculos apud te resedisse.
Adsecutus ille quos optaverat fasces cupit ponere et
subinde dicit, Quando hic annus praeteribit ? Facit
ille ludos, quorum sortem sibi obtingere magno aesti-
mavit : Quando, inquit, istos effugiam ? Diripitur ille
toto foro patronus et magno concursu omnia ultra,
quam audiri potest, conplet : Quando, inquit, res pro-
ferentur ? 5. Praecipitat quisque vitam suam et fu-
turi desiderio laborat, praesentium taedio. At ille qui
nullum non tempus in usus suos confert, qui omnes
dies tamquam vitam ordinat, nec optat crastinum nec
timet. Quid enim est, quod iam ulla hora novae voluptatis possit adferre ? omnia nota, omnia ad satietatem percepta sunt. De cetero fors fortuna, ut volet,
ordinet : vita iam in tuto est : huic adici potest, de-
trahi nihil : et adici sic, quemadmodum saturo iam ac
pleno aliquid cibi : qui quod nec desiderat capit.

VIII. Non est itaque quod quemquam propter ca-
nos aut rugas putes diu vixisse: [non ille diu vixit,
sed] diu fuit.   Quid enim, si illum multum putes na-
vigasse, quem saeva tempestas a portu exceptum huc
et illuc tulit ac vicibus ventorum ex diverso furen-
tium per eadem spatia in orbem egit ? non ille multum navigavit, sed multum iactatus est.   Mirari soleo,
cum video aliquos tempus petentes et eos, qui rogan-
tur, facillimos.   2. Illud uterque spectat, propter quod
tempus petitum est; ipsum quidem neuter.   Quasi
nihil petitur, quasi nihil datur, res omnium pretiosissi-
ma luditur.   Fallit autem illos, quia res incorporalis
est, quia sub oculos non venit; ideoque vilissima
aestimatur, immo paene nullum eius pretium est.   Annua congiaria homines carissime accipiunt et his aut
laborem aut operam aut diligentiam suam locant:
nemo aestimat tempus : utuntur illo laxius quasi
gratuito.   3. At eosdem aegros vide, si mortis periculum propius est admotum, medicorum genua tan-
gentes : si metuunt capitale supplicium, omnia sua,
ut vivant, paratos inpendere : tanta in illis discordia
adfectuum est.   Quodsi posset quemadmodum praeteritorum annorum cuiusque numerus proponi, sic fu-
turorum : quomodo illi, qui paucos viderent superesse,
trepidarent, quomodo illis parcerent ?   Atqui facile est
quamvis exiguum dispensare quod certum est: id debet servari diligentius, quod nescias quando deficiat.
4. Nec est tamen, quod putes illos ignorare, quam
cara res sit.   Dicere solent eis, quos valdissime di-
ligunt, paratos se partem annorum suorum dare.
Dant nec intellegunt: dant autem ita, ut sine illorum incremento sibi detrahant: sed hoc ipsum an

detrahant nesciunt: ideo tolerabilis est illis iactura
detrimenti latentis.   Nemo restituet annos, nemo
iterum te tibi reddet. **5.** Ibit, qua coepit, aetas nec
cursum suum aut revocabit aut supprimet: nihil tu-
multuabitur, nihil admonebit velocitatis suae: tacita
labetur. Non illa se regis imperio, non favore populi
longius proferet: sicut missa est a primo die, curret:
nusquam devertetur, nusquam remorabitur. Quid fiet?
tu occupatus es, vita festinat: mors interim aderit cui,
velis nolis, vacandum est.

IX. Potestne quisquam, dico hominum eorum qui
prudentiam iactant operosius occupati sunt, quam ut
melius possint vivere ?   Inpendio vitae vitam instruunt, cogitationes suas in longum ordinant.   Maxima porro vitae iactura dilatio est: illa primum quemque extrahit diem, illa eripit praesentia, dum ulterio-
ra promittit.   Maximum vivendi inpedimentum est
exspectatio, quae pendet ex crastino.   Perdis hodiernum : quod in manu fortunae positum est, disponis,
quod in tua, dimittis.   Quo spectas, quo te extendis?
omnia quae ventura sunt, in incerto iacent : protinus
vive. **2.** Clamat ecce maximus vates et velut divino
ore instinctus salutare carmen canit:

Optima quaeque dies miseris mortalibus aevi
Prima fugit.

Quid cunctaris, inquit, quid cessas ? Nisi occupas, fugit, et cum occupaveris, tamen fugiet.   Itaque cum
celeritate temporis utendi velocitate certandum est et
velut ex torrenti rapido nec semper ituro cito haurien-
dum.   Hoc quoque pulcherrime ad exprobrandam in-
finitam cogitationem, quod non optimam quamque

aetatem, sed diem dicit. **3.** Quid securus et in tanta
temporum fuga lentus menses tibi et annos et longam seriem, utcumque aviditati tuae visum est, ex-
porrigis? de die tecum loquitur et de hoc ipso fugi-
ente. Non dubium est ergo, quin prima quaeque
optima dies fugiat mortalibus miseris, id est occupatis: quorum pueriles adhuc animos senectus opprimit,
ad quam inparati inermesque perveniunt. **4.** Nihil
enim provisum est: subito in illam nec opinantes
inciderunt: accedere eam cotidie non sentiebant.
Quemadmodum aut sermo aut lectio aut aliqua in-
tentior cogitatio iter facientis decipit et pervenisse
ante sciunt quam adpropinquasse: sic hoc iter vitae
adsiduum et citatissimum, quod vigilantes dormientes-
que eodem gradu facimus, occupatis non adparet nisi
in fine.

X. Quod proposui si in partes velim et argumenta
diducere, multa mihi occurrent, per quae probem brevissimam esse occupatorum vitam. Solebat dicere
Fabianus, non ex his cathedrariis philosophis, sed ex
veris et antiquis, *Contra adfectus inpetu, non subtilitate pugnandum, nec minutis volneribus, sed incursu
avertendam aciem non probam: cavillationes enim
contundi debere, non vellicari.* Tamen ut illis error
exprobretur suus, docendi, non tantum deplorandi sunt.
2. In tria tempora vita dividitur: quod fuit, quod est,
quod futurum est. Ex his quod agimus, breve est,
quod acturi sumus, dubium, quod egimus, certum.
Hoc est enim, in quod fortuna ius perdidit, quod in
nullius arbitrium reduci potest. Hoc amittunt occupati: nec enim illis vacat praeterita respicere, et si
vacet, iniucunda est poenitendae rei recordatio. In-

viti itaque ad tempora male exacta animum revocant
nec audent ea retemptare, quorum vitia, etiam quae
aliquo praesentis voluptatis lenocinio subripiebantur,
retractando patescunt. Nemo, nisi a quo omnia acta
sunt sub censura sua, quae numquam fallitur, libenter
se in praeteritum retorquet. **3.** Ille qui multa am-
bitiose concupiit, superbe contempsit, inpotenter vicit,
insidiose decepit, avare rapuit, prodige effudit, necesse
est memoriam suam timeat. Atqui haec est pars
temporis nostri sacra ac dedicata, omnes humanos
casus supergressa, extra regnum fortunae subducta,
quam non inopia, non metus, non morborum incur-
sus exagitet. **4.** Haec nec turbari nec eripi potest:
perpetua eius et intrepida possessio est. Singuli tantum dies, et hi per momenta, praesentes sunt: at prae-
teriti temporis omnes, cum iusseris, aderunt, ad arbitrium tuum inspici se ac detineri patientur; quod facere
occupatis non vacat. Securae et quietae mentis est
in omnes vitae suae partes discurrere: occupatorum
animi, velut sub iugo sint, flectere se ac respicere non
possunt. **5.** Abit igitur vita eorum in profundum et
ut nihil prodest, licet quantumlibet ingeras, si non
subest, quod excipiat ac servet, sic nihil refert quantum temporis detur, si non est, ubi subsidat: per
quassos foratosque animos transmittitur. **6.** Praesens
tempus brevissimum est, adeo quidem, ut quibusdam
nullum videatur: in cursu enim semper est, fluit et
praecipitatur: ante desinit esse quam venit; nec magis moram patitur quam mundus aut sidera, quorum
inrequieta semper agitatio numquam in eodem ves-
tigio manet. Solum igitur ad occupatos praesens
pertinet tempus; quod tam breve est, ut adripi
F

non possit, et id ipsum illis districtis in multa sub-
ducitur.

XI. Denique vis scire quam non diu vivant? vide
quam cupiant diu vivere. Decrepiti senes paucorum
annorum accessionem votis mendicant: minores natu
ipsos esse fingunt: mendacio sibi blandiuntur et tam
libenter se fallunt quam si una fata decipiant. Iam
vero cum illos aliqua inbecillitas mortalitatis admo-
nuit, quemadmodum paventes moriuntur, non tamquam exeant de vita, sed tamquam extrahantur?
stultos se fuisse, ut non vixerint, clamitant et, si
modo evaserint ex illa valitudine, in otio victuros.
2. Tunc quam frustra paraverint, quibus non fru-
erentur, quam incassum omnis ceciderit labor, cogi-
tant. At quibus vita procul ab omni negotio agitur,
quidni spatiosa sit? nihil ex illa delegatur, nihil alio
atque alio spargitur, nihil inde fortunae traditur,
nihil neglegentia interit, nihil largitione detrahitur,
nihil supervacuum est: tota, ut ita dicam, in reditu
est. Quantulacumque itaque abunde sufficit et ideo,
quandoque ultimus dies venerit, non cunctabitur sapiens ire ad mortem certo gradu. 3. Quaeris fortasse,
quos occupatos vocem? non est quod me solos putes
dicere, quos a basilica inmissi demum canes eiciunt,
quos aut in sua vides turba speciosius elidi aut in
aliena contemptius, quos officia domibus suis evocant,
ut alienis foribus inlidant, quos hasta praetoris infami
lucro et quandoque suppuraturo exercet. Quorumdam otium occupatum est: in villa aut in lecto suo,
in media solitudine, quamvis ab omnibus recesserint,
sibi ipsi molesti sunt: quorum non otiosa vita dicen-
da est, sed desidiosa occupatio.

XII. Illum tu otiosum vocas qui Corinthia, paucorum furore pretiosa, anxia subtilitate concinnat et
maiorem dierum partem in aeruginosis lamellis con-
sumit? qui in ceromate (nam, proh facinus, ne Romanis quidem vitiis laboramus) sectator puerorum
rixantium sedet? qui vinctorum suorum greges in
aetatium et colorum paria diducit? qui athletas no-
vissimos pascit?   Quid? illos otiosos vocas, quibus
apud tonsorem multae horae transmittuntur, dum
decerpitur, si quid proxima nocte succrevit, dum de
singulis capillis in consilium itur, dum aut disiecta
coma restituitur aut deficiens hinc atque illinc in
frontem conpellitur? 2. Quomodo irascuntur, si ton-
sor paulo neglegentior fuit, tamquam virum tonde-
ret?   Quomodo excandescunt, si quid ex iuba sua
decisum est, si quid extra ordinem iacuit, nisi omnia
in anulos suos reciderunt?   Quis est istorum qui non
malit rempublicam suam turbari quam comam? qui
non sollicitior sit de capitis sui decore quam de sa-
lute? qui non comptior esse malit quam honestior?
Hos tu otiosos vocas inter pectinem speculumque
occupatos? 3. Quid illi qui in conponendis, audi-
endis, dicendis canticis operati sunt; dum vocem, cuius rectum cursum natura et optimum et simplicissi-
mum fecit, inflexu modulationis inertissimae torquent?
Quorum digiti aliquod intra se carmen metientes
semper sonant; quorum, cum ad res serias, saepe
etiam tristes adhibiti sunt, exauditur tacita modula-
tio? non habent isti otium, sed iners negotium. 4.
Convivia mehercules horum non posuerim inter va-
cantia tempora, cum videam, quam solliciti argentum ordinent, quam diligenter exoletorum suorum

tunicas succingant, quam suspensi sint quomodo aper
a coco exeat, quanta celeritate signo dato glabri ad
ministeria discurrant, quanta arte scindantur aves in
frusta non enormia, quam curiose infelices pueruli
ebriorum sputa detergeant. Ex his elegantiae lau-
titiaeque fama captatur et usque eo in omnes vitae
secessus mala sua illos sequuntur, ut nec bibant sine
ambitione nec edant. 5. Ne illos quidem inter otiosos numeraveris, qui sella se et lectica huc et illuc
ferunt et ad gestationum suarum, quasi deserere illas
non liceat, horas occurrunt: quos quando lavari debeant, quando natare, quando coenare, alius admonet;
et usque eo nimio delicati animi languore solvuntur,
ut per se scire non possint, an esuriant. 6. Audio
quemdam ex delicatis (si modo deliciae vocandae sunt
vitam et consuetudinem humanam dediscere), cum ex
balneo inter manus elatus et in sella positus esset,
dixisse interrogando, *Iam sedeo?* Hunc tu ignoran-
tem, an sedeat, putas scire an vivat, an videat, an
otiosus sit? non facile dixerim, utrum magis miserear,
si hoc ignoravit, an si ignorare se finxit. 7. Multarum quidem rerum oblivionem sentiunt, sed multarum
et imitantur: quaedam vitia illos, quasi felicitatis argumenta, delectant. Nimis humilis et contempti hominis videtur scire quid faciat. I nunc et mimos
multa mentiri ad exprobrandam luxuriam puta. Plura mehercules praetereunt quam fingunt et tanta in-
credibilium vitiorum copia ingenioso in hoc unum
seculo processit, ut iam mimorum arguere possimus
neglegentiam. Esse aliquem, qui usque eo deliciis
interierit, ut an sedeat alteri credat?

XIII. Non est ergo hic otiosus: aliud nomen in-

ponas : aeger est, immo mortuus est. Ille otiosus est,
cui otii sui et sensus est: hic vero semivivus, cui ad
intellegendos corporis sui habitus indice opus est :
quomodo potest hic ullius temporis dominus esse ?
Persequi singulos longum est, quorum aut latrunculi
aut pila aut excoquendi in sole corporis cura con-
sumpsere vitam. 2. Non sunt otiosi, quorum voluptates multum negotii habent. Nam de illis nemo du-
bitabit, quin operose nihil agant, qui literarum inu-
tilium studiis detinentur ; quae iam apud Romanos
quoque magna manus est. Graecorum iste morbus
fuit quaerere, quem numerum Ulixes remigum ha-
buisset: prior scripta esset Ilias an Odyssea: praeterea an eiusdem esset auctoris : alia deinceps huius
notae ; quae sive contineas, nihil tacitam conscientiam
iuvant, sive proferas, non doctior videaris, sed moles-
tior. 3. Ecce Romanos quoque invasit inane studium
supervacua discendi. His diebus audivi quemdam
referentem, quae primus quisque ex Romanis ducibus
fecisset. Primus navali proelio Duillius vicit, primus
Curius Dentatus in triumpho duxit elephantos. Etiamnunc ista, etsi ad veram gloriam non tendunt, circa
civilium tamen operum exempla versantur. 4. Non
est profutura talis scientia ; est tamen, quae nos spe-
ciosa rerum vanitate detineat. Hoc quoque quae-
rentibus remittamus, quis Romanis primus persuaserit
navem conscendere ? Claudius is fuit, *Caudex* ob hoc
ipsum adpellatus, quia plurium tabularum contextus
caudex apud antiquos vocatur ; unde publicae tabulae
codices dicuntur et naves nunc quoque, quae ex antiqua consuetudine commeatus per Tiberim subvehunt,
codicariae vocantur. 5. Sane et hoc ad rem pertineat,

quod Valerius Corvinus primus Messanam vicit et
primus ex familia Valeriorum urbis captae in se
translato nomine *Messana* adpellatus est paulatim-
que volgo permutante literas *Messalla* dictus. Num
et hoc cuiquam curare permittes, quod primus L.
Sulla in circo leones solutos dedit, cum alioquin adligati darentur, ad conficiendos eos missis a rege
Boccho iaculatoribus? et hoc sane remittatur. 6.
Num et Pompeium primum in circo elephantorum
duodevíginti pugnam edidisse commissis more proelii
noxiis hominibus ad ullam rem bonam pertinet?
Princeps civitatis et inter antiquos principes, ut
fama tradidit, bonitatis eximiae, memorabile putavit
spectaculi genus novo more perdere homines. De-
pugnant? parum est: lancinantur? parum est: ingenti mole animalium exterantur. Satius erat ista
in oblivionem ire, ne quis postea potens disceret in-
videretque rei minime humanae.

XIV. O quantum caliginis mentibus nostris obicit
magna felicitas! Ille se supra rerum naturam esse
tunc credidit, cum tot miserorum hominum catervas
sub alio coelo natis beluis obiceret, cum bellum inter
tam disparia animalia committeret, cum in conspectu
populi Romani multum sanguinis funderet mox plus
ipsum fundere coacturus. At idem postea Alexandrina perfidia deceptus ultimo mancipio transfodiendum
se praebuit, tum demum intellecta inani iactatione
cognominis sui. 2. Sed ut illo revertar, unde decessi,
et in eadem materia ostendam supervacuam quorumdam diligentiam: idem narrabat Metellum victis in
Sicilia Poenis triumphantem unum omnium Romanorum ante currum centum et viginti captivos elephan-

tos duxisse. Sullam ultimum Romanorum protulisse pomoerium, quod numquam provinciali, sed Italico agro adquisito proferre moris apud antiquos fuit. **3.** Hoc scire magis prodest, quam Aventinum montem extra pomoerium esse, ut ille adfirmabat, propter alteram ex duabus causis, aut quod plebs eo secessisset, aut quod Remo auspicante illo loco aves non addixissent. Alia deinceps innumerabilia, quae aut farta sunt mendaciis aut similia. Nam ut concedas omnia eos fide bona dicere, ut ad praestationem scribant : tamen cuius ista errores minuent ? cuius cupiditates prement ? quem fortiorem, quem iustiorem, quem liberaliorem facient. **4.** Dubitare se interim Fabianus noster aiebat, an satius esset nullis studiis admoveri quam his inplicari. Soli omnium otiosi sunt qui sapientiae vacant : soli vivunt : nec enim suam tantum aetatem bene tuentur : omne aevum suo adiciunt. Quicquid annorum ante illos actum est, illis adquisitum est. Nisi ingratissimi sumus, illi clarissimi sacrarum opinionum conditores nobis nati sunt, nobis vitam praeparaverunt. **5.** Ad res pulcherrimas ex tenebris ad lucem erutas alieno labore deducimur : nullo nobis seculo interdictum est, in omnia admittimur et, si magnitudine animi egredi humanae inbecillitatis angustias libet, multum, per quod spatiemur, temporis est. Disputare cum Socrate licet, dubitare cum Carneade, cum Epicuro quiescere, hominis naturam cum Stoicis vincere, cum Cynicis excedere, cum rerum natura in consortium omnis aevi patiatur incedere. **6.** Quidni ab hoc exiguo et caduco temporis transitu in illa toto nos demus animo, quae inmensa, quae aeterna sunt, quae

cum melioribus communia? Isti, qui per officia dis-
cursant, qui se aliosque inquietant, cum bene insanie-
rint, cum omnium limina cotidie perambulaverint nec
ullas apertas fores praeterierint, cum per diversissi-
mas domos meritoriam salutationem circumtulerint;
quotum quemque ex tam inmensa et variis cupiditatibus districta urbe poterunt videre? quam multi erunt,
quorum illos aut somnus aut luxuria aut inhumanitas
submoveat? 7. Quam multi qui illos, cum diu torse-
rint, simulata festinatione transcurrant? quam multi
per refertum clientibus atrium prodire vitabunt et
per obscuros aedium aditus profugient? quasi non
inhumanius sit decipere quam excludere: quam multi
hesterna crapula semisomnes et graves, illis miseriis
somnum suum rumpentes, ut alienum exspectent, vix
adlevatis labris insusurratum millies nomen oscitatione
superbissima reddent? 8. Hos in veris officiis morari
licet dicamus, qui Zenonem, qui Pythagoran cotidie et
Democritum ceterosque antistites bonarum artium, qui
Aristotelem et Theophrastum volent habere quam fa-
miliarissimos: nemo horum non vacabit, nemo non
venientem ad se beatiorem amantioremque sui dimittet: nemo quemquam vacuis a se manibus abire patietur. 9. Nocte conveniri et interdiu ab omnibus
mortalibus possunt. Horum te mori nemo coget,
omnes docebunt: horum nemo annos tuos conterit,
suos tibi contribuit: nullius ex his sermo periculosus
erit, nullius amicitia capitalis, nullius sumptuosa observatio.

XV. Feres ex illis, quicquid voles: per illos non
stabit, quo minus plurimum quantum ceperis haurias.
Quae illum felicitas, quam pulchra senectus manet,

qui se in horum clientelam contulit? habebit, cum quibus de minimis maximisque rebus deliberet, quos de se
cotidie consulat, a quibus audiat verum sine contume-
lia, laudetur sine adulatione, ad quorum se similitudinem effingat. Solemus dicere non fuisse in nostra
potestate, quos sortiremur parentes, forte nobis datos:
nobis vero ad nostrum arbitrium nasci licet. **2.** No-
bilissimorum ingeniorum familiae sunt; elige in quam
adscisci velis: non in nomen tantum adoptaberis, sed
in ipsa bona: quae non erunt sordide nec maligne
custodienda; maiora fient, quo illa pluribus diviseris.
Hi tibi dabunt ad aeternitatem iter et te in illum locum, ex quo nemo deicitur, sublevabunt; haec una
ratio est extendendae mortalitatis, immo in inmortali-
tatem vertendae. Honores, monumenta, quicquid aut
decretis ambitio iussit aut operibus exstruxit, cito sub-
ruitur: nihil non longa demolitur vetustas et movet.
3. At iis, quae consecravit sapientia, noceri non potest:
nulla abolebit aetas, nulla diminuet: sequens ac deinde
semper ulterior aliquid ad venerationem confert; quoniam quidem in vicino versatur invidia; simplicius
longe posita miramur. Sapientis ergo multum patet
vita: non idem illum qui ceteros terminus cludit: solus generis humani legibus solvitur: omnia illi secula
ut deo serviunt. **4.** Transit tempus aliquod? hoc re-
cordatione conprehendit: instat? hoc utitur: ventu-
rum est? hoc praecipit. Longam illi vitam facit omnium temporum in unum conlocatio. Illorum bre-
vissima ac sollicitissima aetas est, qui praeteritorum
obliviscuntur, praesentia neglegunt, de futuro timent:
cum ad extrema venerunt, sero intellegunt miseri,
tamdiu se, dum nihil agunt, occupatos fuisse.

XVI. Nec est, quod hoc argumento probari putes longam illos agere vitam, quia interdum mortem invocant. Vexat illos inprudentia incertis adfectibus et incurrentibus in ipsa quae metuunt : mortem saepe ideo optant, quia timent. Illud quoque argumentum non est, quod putes, diu viventium, quod saepe illis longus videtur dies, quod, dum veniat condictum tempus coenae, tarde ire horas queruntur : nam si quando illos deseruerunt occupationes, in otio relicti aestuant, nec quomodo id disponant aut extrahant, sciunt. 2. Itaque ad occupationem aliquam tendunt et quod interiacet omne tempus grave est, tam mehercule, quam cum dies muneris gladiatorii edictus est, aut cum alicuius alterius vel spectaculi vel voluptatis exspectatur constitutum, transilire medios dies volunt. Omnis illis speratae rei longa dilatio est ad illud tempus, quod amanti breve est et praeceps breviusque multo suo vitio : aliunde enim alio transfugiunt et consistere in una cupiditate non possunt : non sunt illi longi dies, sed invisi. 3. At contra quam exiguae noctes videntur, quas in conplexu scortorum aut vino exigunt ? Inde etiam poetarum furor fabulis humanos errores alentium, quibus visus est Iupiter voluptate concubitus delenitus duplicasse noctem. Quid aliud est vitia nostra incendere quam auctores illis inscribere deos et dare morbo exemplo divinitatis excusatam licentiam ? 4. Possunt istis non brevissimae videri noctes, quas tam care mercantur ? diem noctis exspectatione perdunt, noctem lucis metu. Ipsae voluptates eorum trepidae et variis terroribus inquietae sunt subitque cum maxime exsultantis sollicita cogitatio, Haec quam diu ? Ab hoc adfectu reges suam flevere potentiam :

nec illos magnitudo fortunae suae delectavit, sed venturus aliquando finis exterruit. **5.** Cum per magna camporum spatia porrigeret exercitum nec numerum eius, sed mensuram conprehenderet Persarum rex insolentissimus, lacrimas profudit, quod intra centum annos nemo ex tanta iuventute superfuturus esset. At illis admoturus erat fatum ipse, qui flebat, perditurusque alios in mari, alios in terra, alios proelio, alios fuga et intra exiguum tempus consumpturus illos, quibus centesimum annum timebat.

XVII. Quid, quod gaudia quoque eorum trepida sunt? non enim solidis causis innituntur, sed eadem, qua oriuntur, vanitate turbantur. Qualia autem putas esse tempora etiam ipsorum confessione misera, cum haec quoque, quibus se adtollunt et super hominem efferunt, parum sincera sunt? Maxima quaeque bona sollicita sunt nec ulli fortunae minus bene quam optimae creditur. Alia felicitate ad tuendam felicitatem opus est et pro ipsis, quae successere, votis vota facienda sunt. **2.** Omne enim, quod fortuito obvenit, instabile est: quod altius surrexerit, opportunius est in occasum: neminem porro casura delectant. Miserrimam ergo necesse est, non tantum brevissimam vitam eorum esse, qui magno parant labore, quod maiore possideant; operose adsequuntur, quae volunt, anxii tenent, quae adsecuti sunt. Nulla interim numquam amplius redituri temporis ratio est. **3.** Novae occupationes veteribus substituuntur, spes spem excitat, ambitionem ambitio: miseriarum non finis quaeritur, sed materia mutatur. Nostri nos honores torserunt? plus temporis alieni auferunt. Candidati laborare desimus? suffragatores incipimus. Accusandi deposuimus molestiam?

iudicaudi nanciscimur.   Iudex desiit esse ? quaesitor
est.   Alienorum bonorum mercenaria procuratione
consenuit ? suis opibus detinetur.   Marium caliga di-
misit ? consulatus exercet.   4. Quintius dictaturam
properat praevadere ? ab aratro revocabitur.   Ibit in
Poenos nondum tantae maturus rei Scipio, victor Hannibalis, victor Antiochi, sui consulatus decus, fraterni
sponsor, ni per ipsum mora sit, cum Iove reponetur ?
civiles servatorem agitabunt seditiones et post fastidi-
tos a iuvene dis aequos honores iam senem contuma-
cis exilii delectabit ambitio.   Numquam deerunt vel
felices vel miserae sollicitudinis causae : per occupationes vita rodetur otium : numquam agetur, semper
optabitur.

XVIII. Excerpe itaque te volgo, Pauline carissime,
et in tranquilliorem portum non pro aetatis spatio
iactatus tandem recede.   Cogita, quot fluctus subieris,
quot tempestates partim privatas sustinueris, partim
publicas in te converteris.   Satis iam per laboriosa et
inquieta documenta exhibita virtus est : experire, quid
in otio faciat.   Maior pars aetatis, certe melior reipublicae data sit : aliquid temporis tui sume etiam tibi.
Nec te ad segnem aut inertem quietem voco : non ut
somno et caris turbae voluptatibus, quicquid est in te
indolis, vivae demergas.   2. Non est istud adquiescere :
invenies maiora omnibus adhuc strenue tractatis operibus, quae repositus et securus agites.   Tu quidem
orbis terrarum rationes administras tam abstinenter
quam alienas, tam diligenter quam tuas, tam religiose
quam publicas : in officio amorem consequeris, in quo
odium vitare difficile est : sed tamen, mihi crede, satius
est vitae suae rationem quam frumenti publici nosse.

3. Istum animi vigorem, rerum maximarum capacissi-
mum, a ministerio honorifico quidem, sed parum ad
beatam vitam apto ad te revoca et cogita non id egisse
te ab aetate prima omni cultu studiorum liberalium, ut
tibi multa milia frumenti bene committerentur : maius quiddam et altius de te promiseras.   Non deerunt
et frugalitatis exactae homines et laboriosae operae.
Tanto aptiora exportandis oneribus tarda iumenta sunt
quam nobiles equi ; quorum generosam pernicitatem
quis umquam gravi sarcina pressit ?   Cogita praeterea,
quantum sollicitudinis sit ad tantam te molem obicere :
cum ventre tibi humano negotium est.   **4.** Nec rationem patitur nec aequitate mitigatur nec ulla prece
flectitur populus esuriens.   Modo intra paucos illos
dies, quibus C. Caesar periit, si quis inferis sensus est,
hoc gravissime ferens, quod decedebat populo Romano
superstite, septem aut octo certe dierum cibaria superesse ? dum ille pontes navibus iungit et viribus impe-
ri ludit, aderat ultimum malorum obsessis quoque, ali-
mentorum egestas.   **5.** Exitio paene ac fame constitit
et, quae famem sequitur, rerum omnium ruina furiosi
et externi et infeliciter superbi regis imitatio.   Quem
tunc animum habuerunt illi, quibus erat mandata frumenti publici cura ? saxa, ferrum, ignes, Caium excep-
turi summa dissimulatione tantum inter viscera latentis mali tegebant, cum ratione scilicet : quaedam enim
ignorantibus aegris curanda sunt : causa multis moriendi fuit morbum suum nosse.

XIX. Recipe te ad haec tranquilliora, tutiora, maiora.   Simile tu putas esse, utrum cures, ut incorruptum
et a fraude advehentium et a neglegentia frumentum
transfundatur in horrea, ne concepto humore vitietur

et concalescat, ut ad mensuram pondusque respondeat,
an ad haec saçra et sublimia accedas sciturus, quae
materia sit dis, quae voluptas, quae condicio, quae for-
ma? quis animum tuum casus exspectet, ubi nos et a
corporibus dimissos natura conponat? quid sit quod
huius mundi gravissima quaeque in medio sustineat,
supra levia suspendat, in summum ignem ferat, sidera
vicibus suis excitet? cetera deinceps ingentibus plena
miraculis. 2. Vis tu relicto solo mente ad ista respicere? nunc, dum calet sanguis, vigentibus ad meliora
eundum est.   Exspectat te in hoc genere vitae multum
bonarum artium, amor virtutum atque usus, cupidita-
tum oblivio, vivendi ac moriendi scientia, alta rerum
quies.   Omnium quidem occupatorum condicio misera
est; eorum tamen miserrima, qui ne suis quidem laborant occupationibus, ad alienum dormiunt somnum, ad
alienum ambulant gradum, amare et odisse, res omnium liberrimas, iubentur. 3. Hi si volent scire quam
brevis ipsorum vita sit, cogitent ex quota parte sua sit.
Cum videris itaque praetextam saepe iam sumptam,
cum celebre in foro nomen, non invideris.   Ista vitae
damno parantur: ut unus ab illis numeretur annus,
omnis annos suos conterent.   Quosdam, antequam in
summum ambitionis eniterentur, inter prima luctantis
aetas reliquit: quosdam cum in consummationem dig-
nitatis per mille indignitates erupissent, misera subit
cogitatio laborasse ipsos in titulum sepulcri: quorumdam ultima senectus, dum in novas spes ut inventa
disponitur, inter conatus magnos et inprobos invalida
defecit.

XX. Foedus ille, quem in iudicio pro ignotissimis
litigatoribus grandem natu et inperitae coronae ad-

sensiones captantem spiritus liquit : turpis ille, qui vi-
vendo lassus citius quam laborando inter ipsa officia
conlapsus est : turpis, quem accipiendis inmorientem
rationibus diu tractus risit heres. Praeterire quod
mihi occurrit exemplum non possum : **2.** Turannius
fuit exactae diligentiae senex, qui post annum nona-
gesimum, cum vacationem procurationis ab C. Caesare
ultro accepisset, conponi se in lecto et velut exani-
mem a circumstante familia plangi iussit. Lugebat
domus otium domini senis nec finivit ante tristitiam,
quam labor illi suus restitutus est. Adeone iuvat
occupatum mori ? Idem plerisque animus est : diutius cupiditas illis laboris quam facultas est : cum in-
becillitate corporis pugnant : senectutem ipsam nullo
alio nomine gravem iudicant, quam quod illos seponit.
3. Lex a quinquagesimo anno militem non legit, a sex-
agesimo senatorem non citat : difficilius homines a se
otium inpetrant quam a lege. Interim dum rapiuntur
et rapiunt, dum alter alterius quietem rumpit, dum
mutuo miseri sunt, vita est sine fructu, sine voluptate,
sine ullo profectu animi : nemo in conspicuo mortem
habet, nemo non procul spes intendit. **4.** Quidam vero
disponunt etiam illa, quae ultra vitam sunt, magnas
moles sepulcrorum et operum publicorum dedicationes
et ad rogum munera et ambitiosas exsequias. At mehercule istorum funera, tamquam minimum vixerint,
ad faces et cereos ducenda sunt.

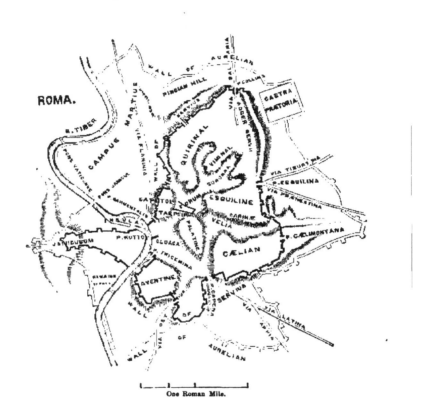

ROMA.

One Roman Mile.

L. ANNAEI SENECAE

AD GALLIONEM

DE VITA BEATA

LIBER UNUS.

By undeceiving, enlarging, and informing the intellect, Philosophy sought to purify and to elevate the moral character. . . . Across the night of Paganism, Philosophy flitted on, like the lantern-fly of the Tropics, a light to itself, and an ornament, but, alas, no more than an ornament, of the surrounding darkness. COLERIDGE.

AD GALLIONEM

DE VITA BEATA.

I. VIVERE, Gallio frater, omnes beate volunt, sed ad
pervidendum, quid sit quod beatam vitam efficiat, cali-
gant: adeoque non est facile consequi beatam vitam,
ut eo quisque ab ea longius recedat, quo ad illam con-
citatius fertur, si via lapsus est: quae ubi in contrarium ducit, ipsa velocitas maioris intervalli causa fit.
Proponendum est itaque primum, quid sit quod adpe-
tamus: tunc circumspiciendum, qua contendere illo
celerrime possimus, intellecturi in ipso itinere, si modo
rectum erit, quantum cotidie profligetur quantoque
propius ab eo simus, ad quod nos cupiditas naturalis
inpellit. 2. Quamdiu quidem passim vagamur non
ducem secuti, sed fremitum et clamorem dissonum in
diversa vocantium, conteretur vita inter errores brevis,
etiam si dies noctesque bonae menti laboremus. De-
cernatur itaque, et quo tendamus et qua, non sine peri-
to aliquo, cui explorata sint ea, in quae procedimus;
quoniam quidem non eadem hic quae in ceteris pere-
grinationibus condicio est. In illis conprensus aliquis
limes et interrogati incolae non patiuntur errare: at
hic tritissima quaeque via et celeberrima maxime decipit. 3. Nihil ergo magis praestandum est, quam ne

pecorum ritu sequamur antecedentium gregem, pergentes non quo eundum est, sed quo itur. Atqui nulla res nos maioribus malis inplicat, quam quod ad rumorem conponimur, optima rati ea, quae magno adsensu recepta sunt, quorumqne exempla nobis multa sunt, nec ad rationem, sed ad similitudinem vivimus; inde ista tanta coacervatio aliorum super alios ruentium. 4. Quod in strage hominum magna evenit, cum ipse se populus premit, nemo ita cadit, ut non et alium in se adtrahat, primique exitio sequentibus sunt, hoc in omni vita accidere videas licet: nemo sibi tantummodo errat, sed alieni erroris et causa et auctor est. Nocet enim adplicari antecedentibus, et dum unusquisque mavult credere quam iudicare, numquam de vita iudicatur, semper creditur versatque nos et praecipitat traditus per manus error: alienis perimus exemplis. 5. Sanabimur, si modo separemur a coetu: nunc vero stat contra rationem, defensor mali sui, populus. Itaque id evenit quod in comitiis, in quibus eos factos esse praetores iidem qui fecere mirantur, cum se mobilis favor circumegit. Eadem probamus, eadem reprehendimus: hic exitus est omnis iudicii, in quo secundum plures datur.

II. Cum de beata vita agetur, non est quod mihi illud discessionum more respondeas: "Haec pars maior esse videtur." Ideo enim peior est. Non tam bene cum rebus humanis agitur, ut meliora pluribus placeant: argumentum pessimi turba est. Quaeramus ergo, quid optimum factu sit, non quid usitatissimum, et quid nos in possessione felicitatis aeternae constituat, non quid volgo, veritatis pessimo interpreti, probatum sit. Volgum autem tam chlamydatos quam co-

rŏnatos voco. **2.** Non enim colorem vestium, quibus
praetexta sunt corpora, adspicio : oculis de homine
non credo : habeo melius et certius lumen, quo a
falsis vera diiudicem. Animi bonum animus inveniat : hic, si umquam respirare illi et recedere in se
vacaverit, o quam sibi ipse verum, tortus a se, fatebitur ac dicet : Quicquid feci adhuc, infectum esse
mallem : quicquid dixi cum recogito, in multis ri-
deo : quicquid optavi, inimicorum exsecrationem puto :
quicquid timui, di boni, quanto levius fuit quam quod
concupivi ? **3.** Cum multis inimicitias gessi et in gratiam ex odio, si modo ulla inter malos gratia est, re-
dii : mihi ipsi nondum amicus sum. Omnem operam dedi, ut me multitudini educerem et aliqua dote
notabilem facerem : quid aliud quam telis me oppo-
sui et malivolentiae quod morderet ostendi ? Vides
istos qui eloquentiam laudant, qui opes sequuntur, qui
gratiae adulantur, qui potentiam extollunt ? omnes aut
sunt hostes aut, quod in aequo est, esse possunt. Quam
magnus mirantium tam magnus invidentium populus
est.

III. Quin potius quaero aliquod usu bonum, quod
sentiam, non quod ostendam : ista quae spectantur,
ad quae consistitur, quae alter alteri stupens monstrat,
foris nitent, introrsus misera sunt. Quaeramus aliquid non in speciem bonum, sed solidum et aequale
et a secretiore parte formosius. Hoc eruamus : nec
longe positum est ; invenietur : scire tantum opus est
quo manum porrigas. Nunc velut in tenebris vici-
na transimus offensantes ea ipsa quae desideramus.
2. Sed ne te per circumitus traham, aliorum quidem
opiniones praeteribo : nam et enumerare illas longum

est et coarguere : nostram accipe : *nostram* autem cum
dico, non adligo me ad unum aliquem ex Stoicis pro-
ceribus : est et mihi censendi ius.   Itaque aliquem sequar, aliquem iubebo sententiam dividere : fortasse et
post omnes citatus nihil inprobabo ex iis, quae priores
decreverint, et dicam, *Hoc amplius censeo.*   Interim
quod inter omnis Stoicos convenit, rerum naturae adsentior : ab illa non deerrare et ad illius legem exem-
plumque formari sapientia est.   3. Beata est ergo vita
conveniens naturae suae : quae non aliter contingere
potest, quam si primum sana meus est et in perpetua
possessione sanitatis suae, deinde fortis ac vehemens,
tunc pulcherrima et patiens, apta temporibus, corporis
sui pertinentiumque ad id curiosa non anxie : tum aliarum rerum quae vitam instruunt diligens, sine admi-
ratione cuiusquam usura fortunae muneribus, non ser-
vitura.   4. Intellegis, etiam si non adiciam, sequi perpetuam tranquillitatem, libertatem depulsis iis quae
aut inritant nos aut territant.   Nam voluptatibus et *pro*
pro illis, quae parva ac fragilia sunt et in ipsis flagitiis
noxia, ingens gaudium subit, inconcussum et aequale :
tum pax et concordia animi et magnitudo cum mansuetudine : omnis enim ex infirmitate feritas est.

IV. Potest aliter quoque definiri bonum nostrum, id
est eadem sententia, non iisdem conprehendi verbis.
Quemadmodum idem exercitus modo latius panditur,
modo in angustum coartatur et aut in cornua, sinuata
media parte curvatur aut recta fronte explicatur, vis
illi, utcumque ordinatus est, eadem est et voluntas pro
iisdem partibus standi : ita finitio summi boni alias
diffundi potest et exporrigi, alias colligi et in se cogi.
2. Idem itaque erit, si dixero : Summum bonum est

animus fortuita despiciens, virtute laetus, aut, Invicta
vis animi, perita rerum, placida in actu, cum humani-
tate multa et conversantium cura. Libet et ita finire,
ut beatum dicamus hominem eum, cui nullum bonum
malumque sit, nisi bonus malusque animus : honesti
cultor, virtute contentus, quem nec extollant fortuita
nec frangant ; qui nullum maius bonum eo quod sibi
ipse dare potest noverit, cui vera voluptas erit voluptatum contemptio. **3.** Licet, si evagari velis, idem in aliam atque aliam faciem salva et integra potestate transferre. Quid enim prohibet nos beatam vitam dicere
liberum animum et erectum et interritum ac stabilem,
extra metum, extra cupiditatem positum, cui unum bonum sit honestas, unum malum turpitudo ? **4.** Cetera
vilis turba rerum, nec detrahens quicquam beatae vitae
nec adiciens, sine auctu ac detrimento summi boni veniens ac recedens. Hoc ita fundatum, necesse est, velit nolit, sequatur hilaritas continua et laetitia alta atque ex alto veniens, ut quae suis gaudeat nec maiora
domesticis cupiat. Quidni ista bene penset, cum minutis et frivolis et non perseverantibus corpusculi mo-
tibus ? quo die infra voluptatem fuerit, et infra dolorem erit.

V. Vides autem, quam malam et noxiosam servitutem serviturus sit, quem voluptates doloresque, incer-
tissima dominia inpotentissimaque, alternis posside-
bunt. Ergo exeundum ad libertatem est : hanc non
alia res tribuit quam fortunae neglegentia. Tum illud
orietur inaestimabile bonum, quies mentis in tuto con-
locata et sublimitas, expulsisque terroribus ex cogniti-
one veri gaudium grande et inmotum comitasque et
diffusio animi : quibus delectabitur non ut bonis, sed ut

ex bono suo ortis. **2.** Quoniam liberaliter agere coepi, potest beatus dici, qui nec cupit nec timet beneficio rationis. Quoniam et saxa timore et tristitia carent nec minus pecudes; non ideo tamen quisquam felicia dixerit, quibus non est felicitatis intellectus. Eodem loco pone homines, quos in numerum pecorum et animalium redegit hebes natura et ignoratio sui. **3.** Nihil interest inter hos et illa, quoniam illis nulla ratio est, his prava et malo suo atque in perversum sollers. Beatus enim nemo dici potest extra veritatem proiectus: beata ergo vita est in recto certoque iudicio, stabilita et inmutabilis. Tunc enim pura mens est et soluta omnibus malis, cum non tantum lacerationes, sed etiam vellicationes effugerit, statura semper ubi constitit ac sedem suam etiam irata et infestante fortuna vindicatura. **4.** Nam quod ad voluptatem pertinet, licet circumfundatur undique et per omnes vias influat animumque blandimentis suis leniat aliaque ex aliis admoveat, quibus totos partesque nostri sollicitet: quis mortalium, cui ullum superest hominis vestigium, per diem noctemque titillari velit, deserto animo corpori operam dare?

VI. Sed animus quoque, inquit, voluptates habebit suas. Habeat sane sedeatque luxuriae et voluptatum arbiter, inpleat se eis omnibus, quae oblectare sensus solent: deinde praeterita respiciat et exoletarum voluptatum memor exsultet prioribus futurisque iam immineat ac spes suas ordinet, et dum corpus in praesenti sagina iacet, cogitationes ad futura praemittat: hoc mihi videbitur miserior, quoniam mala pro bonis legere dementia est. **2.** Nec sine sanitate quisquam beatus est, nec sanus cui futura pro optimis adpetuntur.

Beatus ergo est, iudicii rectus : beatus est praesentibus, qualiacumque sunt, contentus amicusque rebus suis : beatus est is, cui omnem habitum rerum suarum ratio commendat. Videt et illis qui summum bonum dixerunt, quam turpi illud loco posuerint. Itaque negant posse voluptatem a virtute deduci et aiunt nec honeste quemquam vivere, ut non iucunde vivat, nec iucunde, ut non honeste quoque. 3. Non video quomodo ista tam diversa in eamdem copulam coniciantur. Quid est, oro vos, cur separari voluptas a virtute non possit ? videlicet quia omne bonis ex virtute principium est : ex huius radicibus etiam ea, quae vos et amatis et expetitis, oriuntur. Sed si ista indiscreta essent, non videremus quaedam iucunda, sed honesta ; quaedam vero honestissima, sed aspera, per dolores exigenda.

VII. Adice nunc, quod voluptas etiam ad vitam turpissimam venit ; at virtus malam vitam non admittit : et infelices quidam non sine voluptate, immo ob ipsam voluptatem sunt : quod non eveniret, si virtuti se voluptas inmiscuisset, qua virtus saepe caret, numquam indiget. Quid dissimilia, immo diversa conponitis ? Altum quiddam est virtus, excelsum et regale, invictum, infatigabile : voluptas humile, servile, inbecillum, caducum, cuius statio ac domicilium fornices et popinae sunt. 2. Virtutem in templo convenies, in foro, in curia, pro muris stantem, pulverulentam, coloratam, callosas habentem manus : voluptatem latitantem saepius ac tenebras captantem circa balinea ac sudatoria ac loca aedilem metuentia, mollem, enervem, mero atque unguento madentem, pallidam aut fucatam et medicamentis pollinctam. 3. Summum bonum inmortale est, nescit exire : nec satietatem habet nec poeni-

G

quia nunquam secuta est

tentiam : numquam enim recta mens vertitur nec sibi
odio est : nec quicquam mutavit optima. At voluptas
tunc, cum maxime delectat, exstinguitur : non multum
loci habet ; itaque cito inplet et taedio est et post primum inpetum marcet. Nec id umquam certum est,
cuius in motu natura est : ita ne potest quidem ulla eius
esse substantia, quod venit transitve celerrime in ipso
usu sui periturum. Eo enim pervenit ubi desinat, et
dum incipit, spectat ad finem.

VIII. Quid, quod tam bonis quam malis voluptas
inest ? nec minus turpes dedecus suum quam hones-
tos egregia delectant. Ideoque praeceperunt veteres
optimam sequi vitam, non iucundissimam, ut rectae
ac bonae voluntatis non dux, sed comes sit voluptas.
Natura enim duce utendum est : hanc ratio observat,
hanc consulit. Idem est ergo beate vivere et secundum naturam. 2. Hoc quid sit, iam aperiam : si corporis dotes et apta naturae conservabimus diligenter
et inpavide tamquam in diem data et fugacia, si non
subierimus eorum servitutem nec nos aliena possede-
rint, si corpori grata et adventicia eo nobis loco
fuerint, quo sunt in castris auxilia et armaturae
leves. Serviant ista, non imperent : ita demum uti-
lia sunt menti. Incorruptus vir sit externis et insu-
perabilis miratorque tantum sui, fidens animo atque
in utrumque paratus artifex vitae. Fiducia eius non
sine scientia sit, scientia non sine constantia : mane-
ant illi semel placita nec ulla in decretis eius litura
sit. 3. Intellegitur, etiam si non adiecero, conpositum ordinatumque fore talem virum et in iis quae
aget, cum comitate magnificum. Erit vera ratio sensibus insita et capiens inde principia : nec enim habet

aliud, unde conetur aut unde ad verum inpetum ca-
piat; in se revertatur.   Nam mundum quoque, cuncta
conplectens, rectorque universi deus in exteriora quidem tendit, sed tamen in totum undique in se redit.
4. Idem nostra mens faciat, cum secuta sensus suos
per illos se ad externa porrexerit: et illorum et sui
potens sit.   Hoc modo una efficietur vis ac potestas
concors sibi et ratio illá certa nascetur non dissidens
nec haesitans in opinionibus conprehensionibusque nec
in persuasione.   Quae cum se disposuit et partibus
suis consensit et, ut ita dicam, concinuit, summum
bonum tetigit.   5. Nihil enim pravi, nihil lubrici superest: nihil in quo arietet aut labet.   Omnia faciet
ex imperio suo nihilque inopinatum accidet; sed quicquid agetur, in bonum exibit facile et parate et sine
tergiversatione agentis.   Nam pigritia et haesitatio
pugnam et inconstantiam ostendit.   Quare audaciter
licet profitearis summum bonum esse animi concor-
diam.   Virtutes enim ibi esse debebunt, ubi consensus atque unitas erit: dissident vitia.

IX. Sed tu quoque, inquit, virtutem non ob aliud
colis, quam quia aliquam ex illa speras voluptatem.
Primum non, si voluptatem praestatura virtus est,
ideo propter hanc petitur: non enim hanc praestat,
sed et hanc, nec huic laborat, sed labor eius, quamvis
aliud petat, hoc quoque adsequetur.   Sicut in arvo,
quod segeti proscissum est, aliqui flores internascun-
tur: non tamen huic herbulae, quamvis delectet oculos, tantum operis insumptum est.   2. Aliud fuit se-
renti propositum, hoc supervenit: sic et voluptas non
est merces nec causa virtutis, sed accessio: nec quia
delectat, placet, sed si placet, et delectat.   Summum

bonum in ipso iudicio est et habitu optimae mentis; quae cum suum inplevit et finibus se suis cinxit, consummatum est summum bonum nec quicquam amplius desiderat. Nihil enim, extra totum, est, non magis quam ultra finem. Itaque erras, cum interrogas, quid sit illud, propter quod virtutem petam : quaeris enim aliquid supra summum. **3.** Interrogas, quid petam ex virtute? ipsam : nihil enim habet melius, ipsa pretium sui. An hoc parum magnum est? Cum tibi dicam, Summum bonum est infragilis animi rigor et providentia et subtilitas et sanitas et libertas et concordia et decor : aliquid etiamnunc exigis maius, ad quod ista referantur? Quid mihi voluptatem nominas? Hominis bonum quaero, non ventris, qui pecudibus ac beluis laxior est.

X. Dissimulas, inquit, quid a me dicatur : ego enim nego quemquam posse iucunde vivere, nisi simul et honeste vivit : quod non potest mutis contingere animalibus nec bonum suum cibo metientibus. Clare, inquit, ac palam testor hanc vitam, quam ego iucundam voco, non sine adiecta virtute contingere. Atqui quis ignorat plenissimos esse voluptatibus vestris stultissimos quosque? et nequitiam abundare iucundis animumque ipsum non tantum genera voluptatis prava, sed multa suggerere? **2.** In primis insolentiam et nimiam aestimationem sui tumoremque elatum super ceteros et amorem rerum suarum caecum et inprovidum, delicias fluentis et ex minimis ac puerilibus causis exsultationem, iam dicacitatem ac superbiam contumeliis gaudentem, desidiam dissolutionemque segnis animi indormientis sibi. **3.** Haec omnia virtus discutit et aurem pervellit et voluptates aestimat, antequam admittat :

nec quas probavit magni pendit (utique enim admittit),
nec usu earum, sed temperantia laeta est: temperantia
autem cum voluptates minuat, summi boni iniuria est.
Tu voluptatem conplecteris, ego conpesco: tu voluptate
frueris, ego utor: tu illam summum bonum putas, ego
nec bonum: tu omnia voluptatis causa facis, ego nihil.
Cum dico me nihil voluptatis causa facere, de illo loquor sapiente, cui soli concedis voluptatem.

XI. Non voco autem sapientem, supra quem quicquam est, nedum voluptas.   Atqui ab hac occupatus
quomodo resistet labori et periculo, egestati et tot humanam vitam circumstrepentibus minis? quomodo conspectum mortis, quomodo doloris feret? quomodo mundi fragores et tantum acerrimorum hostium, molli *a :*
adversario victus?   Quicquid voluptas suaserit faciet.
Age, non vides quam multa suasura sit?   Nihil, inquit,
poterit turpiter suadere, quia adiuncta virtuti est.   Non
vides iterum, quale sit summum bonum, cui custode
opus est, ut bonum sit?   2. Virtus autem quomodo voluptatem reget, quam sequitur, cum sequi parentis sit,
regere imperantis? a tergo ponis quod imperat?   Egregium autem habet virtus apud vos officium voluptates
praegustare.   Sed videbimus, an apud quos tam con-
tumeliose tractata virtus est, adhuc virtus sit: quae habere nomen suum non potest, si loco cessit: interim, de
quo agitur, multos ostendam voluptatibus obsessos, in
quos fortuna omnia munera sua effudit, quos fatearis
necesse est malos.   3. Adspice Nomentanum et Api-
cium, terrarum ac maris, ut isti vocant, bona conqui-
rentis et super mensam recognoscentis omnium gentium animalia.   Vide hos eosdem e suggestu rosae
spectantis popinam suam, aures vocum sono, spectacu-

lis oculos, saporibus palatum suum delectantes: molli-
bus lenibusque fomentis totum lacessitur eorum corpus
et, ne nares interim cessent, odoribus variis inficitur locus ipse, in quo luxuriae parentatur. Hoc esse in voluptatibus dices: nec tamen illis bene erit, quia non
bono gaudent.

XII. Male, inquit, illis erit, quia multa interveniunt,
quae perturbent animum, et opiniones inter se contra-
riae mentem inquietabunt: quod ita esse concedo: sed
nihilominus illi ipsi stulti et inaequales et sub ictu poe-
nitentiae positi magnas percipient voluptates, ut faten-
dum sit tam-longe tum illos ab omni molestia abesse,
quam a bona mente et, quod plerisque contingit, hila-
rem insaniam insanire ac per risum furere. 2. At contra, sapientium remissae voluptates et modestae ac paene languidae sunt conpressaeque et vix notabiles, ut
quae neque accersitae veniant nec, quamvis per se accesserint, in honore sint neque ullo gaudio percipien-
tium exceptae: miscent enim illas et interponunt vitae
ut ludum iocumque inter seria. Desinant ergo incon-
venientia iungere et virtuti voluptatem inplicare, per
quod vitium pessimis quibusque adulantur. 3. Ille
effusus in voluptates, ructabundus semper atque ebri-
us, quia scit se cum voluptate vivere, credit et cum
virtute: audit enim voluptatem separari a virtute non
posse: deinde vitiis suis sapientiam inscribit et abscon-
denda profitetur. Itaque non ab Epicuro inpulsi luxu-
riantur, sed vitiis dediti luxuriam suam in philosophiae
sinu abscondunt et eo concurrunt, ubi audiant laudari
voluptatem. 4. Nec aestimatur voluptas illa Epicuri
(ita enim mehercules sentio) quam sobria ac sicca sit:
sed ad nomen ipsum advolant quaerentes libidinibus

suis patrocinium aliquod ac velamentum. Itaque quod
unum habebant in malis bonum perdunt, peccandi ve-
recundiam : laudant enim ea, quibus erubescebant et
vitio gloriantur : ideoque ne resurgere quidem adu-
lescentiae licet, cum honestus turpi desidiae titulus
accessit.

XIII. Hoc est cur ista voluptatis laudatio perniciosa
sit, quia honesta praecepta intra latent, quod corrumpit
adparet. In ea quidem ipsa sententia sum (invitis hoc
nostris popularibus dicam) sancta Epicurum et recta
praecipere et, si propius accesseris, tristia : voluptas
enim illa ad parvum et exile revocatur et quam nos
virtuti legem dicimus, eam ille dicit voluptati. 2.
Iubet illam parere naturae : parum est autem luxuriae
quod naturae satis est. Quid ergo est? ille quisquis
desidiosum otium et gulae ac libidinis vices felicitatem
vocat, bonum malae rei quaerit auctorem et, dum illo
venit blando nomine inductus, sequitur voluptatem, non
quam audit, sed quam adtulit ; et vitia sua cum coepit
putare similia praeceptis, indulget illis non timide nec
obscure : luxuriatur etiam inde aperto capite. Itaque
non dico, quod plerique nostrorum, sectam Epicuri fla-
gitiorum magistram esse, sed illud dico, male audit, in-
famis est, et inmerito. 3. Hoc scire quis potest nisi in-
terius admissus? Frons eius ipsa dat locum fabulae et
ad malam spem inritat. Hoc tale est, quale vir fortis
stolam indutus. Constanti tibi pudicitia veritas salva
est ; nulli corpus tuum turpi patientiae vacat, sed in
manu tympanum est. Titulus itaque honestus eligatur
et inscriptio ipsa excitans animum ad ea depellenda
quae statim enervant cum venerunt vitia. 4. Quisquis
ad virtutem accessit, dedit generosae indolis spem : qui

voluptatem sequitur, videtur enervis, fractus, degene-
rans vir, perventurus in turpia, nisi aliquis distinxerit
illi voluptates, ut sciat, quae ex eis intra naturale desiderium desistant, quae praeceps ferantur infinitaeque
sint et, quo magis inplentur, eo magis inexplebiles.
Agedum, virtus antecedat : tutum erit omne vestigium. Et voluptas nocet nimia : in virtute non est ve-
rendum, ne quid nimium sit, quia in ipsa est modus.
Non est bonum, quod magnitudine laborat sua.

XIV. Rationabilem porro sortitis naturam quae melius res quam ratio proponitur? et si placet ista iunc-
tura [si hoc placet ad beatam vitam ire comitatu], virtus antecedat, comitetur voluptas et circa corpus ut
umbra versetur. Virtutem quidem, excelsissimam omnium, voluptati tradere ancillam nihil magnum animo
capientis est. Prima virtus sit, haec ferat signa : ha-
bebimus nihilominus voluptatem, sed domini eius et
temperatores erimus : aliquid nos exorabit, nihil coget.
2. At ei, qui voluptati tradidere principia, utroque ca-
ruere : virtutem enim amittunt : ceterum non ipsi voluptatem, sed ipsos voluptas habet, cuius aut inopia tor-
quentur aut copia strangulantur. Miseri, si deseruntur
ab illa, miseriores, si obruuntur! sicut deprensi mari
Syrtico modo in sicco relinquuntur, modo torrente
unda fluctuantur. 3. Evenit autem hoc nimia intemperantia et amore caecae rei : nam mala pro bonis pe-
tenti periculosum est adsequi. Ut feras cum labore
periculoque venamur et captarum quoque illarum sollicita possessio est (saepe enim laniant dominos) : ita habentes magnas voluptates in magnum malum evasere
captaeque cepere. Quae quo plures maioresque sunt,
eo ille minor ac plurium servus est, quem felicem vol-

gus adpellat. **4.** Permanere libet in hac etiamnunc
huius rei imagine: quemadmodum qui bestiarum cubilia indagat et *laqueo captare feras* magno aestimat et
latos canibus circumdare saltus, ut illarum vestigia
premat, potiora deserit multisque officiis renuntiat: ita
qui sectatur voluptatem, omnia postponit et primam
libertatem neglegit ac pro ventre depeudit; nec voluptates sibi emit, sed se voluptatibus vendit.

XV. Quid tamen, inquit, prohibet in unum virtutem
voluptatemque confundi et effici summum bonum, ut
idem et honestum et iucundum sit? Quia pars honesti
non potest esse nisi honestum: nec summum bonum
habebit sinceritatem suam, si aliquid in se viderit dis-
simile meliori. Ne gaudium quidem quod ex virtute
oritur, quamvis bonum sit, absoluti tamen boni pars est,
non magis quam laetitia et tranquillitas, quamvis ex
pulcherrimis causis nascantur. **2.** Sunt enim ista bona,
sed consequentia summum bonum, non consummantia.
Qui vero virtutis voluptatisque societatem facit et ne
ex aequo quidem, fragilitate alterius boni quicquid in
altero vigoris est hebetat libertatemque illam, ita demum, si nihil se pretiosius novit, invictam, sub iugum
mittit. Nam, quae maxima servitus est, incipit illi
opus esse fortuna: sequitur vita anxia, suspiciosa, trepida, casum pavens: temporum suspensa momenta sunt.
3. Non das virtuti fundamentum grave, inmobile, sed
iubes illam in loco volubili stare. Quid autem tam
volubile est, quam fortuitorum exspectatio et corporis
rerumque corpus adficientium varietas? Quomodo hic
potest deo parere et quicquid evenit, bono animo exci-
pere nec de fato queri casuum suorum benignus inter-
pres, si ad voluptatum dolorumque punctiunculas con-

cutitur? Sed ne patriae quidem bonus tutor aut vindex est nec amicorum propugnator, si ad voluptates
vergit. 4. Illo ergo summum bonum adscendat, unde
nulla vi detrahitur; quo, neque dolori neque spei nec
timori sit aditus nec ulli rei, quae deterius summi boni
ius faciat. Escendere autem illo sola virtus potest:
illius gradu clivus iste frangendus est: illa fortiter stabit et quicquid evenerit, feret non patiens tantum, sed
etiam volens: omnemque temporum difficultatem sciet
legem esse naturae. 5. Et, ut bonus miles feret volnera, enumerabit cicatrices et transverberatus telis, mo-
riens amabit eum, pro quo cadet, imperatorem: habebit illud in animo vetus praeceptum, *deum sequere.*
Quisquis autem queritur et plorat et gemit, imperata
facere vi cogitur et invitus rapitur ad iussa nihilominus. Quae autem dementia est potius trahi quam sequi? 6. Tam mehercules, quàm, stultitia et ignorantia
condicionis est suae, dolere, quòd aliquid tibi incidit
durius, aut mirari aut indigne ferre ea, quae tam bonis
accidunt quam malis: morbos dico, funera, debilitates
et cetera ex transverso in vitam humanam incurrentia.
Quicquid ex universi constitutione patiendum est, magno usurpetur animo: ad hoc sacramentum adacti sumus, ferre mortalia nec perturbari iis, quae vitare non
'est nostrae potestatis. In regno nati sumus: deo parere libertas est.

XVI. Ergo in virtute posita est vera felicitas. Quid
haec virtus tibi suadebit? ne quid aut bonum aut malum existimes, quod nec virtute nec malitia continget:
deinde, ut sis inmobilis et contra malum, ex bono; ut
qua fas est, deum effingas. Quid tibi pro hac expedi-
tione promittit? ingentia et aequa divinis. Nihil co-

geris; nullo indigebis; liber eris, tutus, indemnis: nihil frustra temptabis, nihil prohibeberis; omnia tibi ex
sententia cedent: nihil adversum accidet, nihil contra
opinionem ac voluntatem. 2. Quid ergo? virtus ad
beate vivendum sufficit? Perfecta illa et divina quidni
sufficiat, immo superfluat? Quid enim deesse potest
extra desiderium omnium posito? quid extrinsecus opus
est ei, qui omnia sua in se collegit? Sed ei, qui ad virtutem tendit, etiam si multum processit, opus est aliqua
fortunae indulgentia, adhuc inter humana luctanti, dum
nodum illum exsolvit et omne vinculum mortale. Quid
ergo interest? quod alii adligati sunt, alii adstricti, alii
districti quoque. Hic, qui ad superiora progressus est
et se altius extulit, laxam catenam trahit nondum liber,
iam tamen pro libero.

XVII. Si quis itaque ex istis, qui philosophiam con-
latrant, quod solent, dixerit: Quare ergo tu fortius loqueris quam vivis? Quare superiori verba submittis et
pecuniam necessarium tibi instrumentum existimas et
damno moveris et lacrimas audita coniugis aut amici
morte demittis et respicis famam et malignis sermonibus tangeris? 2. Quare cultius rus tibi est quam naturalis usus desiderat? cur non ad praescriptum tuum coe-
nas? cur tibi nitidior supellex est? cur apud te vinum
aetate tua vetustius bibitur? cur annuum disponitur?
cur arbores nihil praeter umbram daturae conservan-
tur? quare uxor tua locupletis domus censum auribus
gerit? quare paedagogium pretiosa veste subcingitur?
quare ars est apud te ministrare, nec temere et ut libet
conlocatur argentum, sed perite servitur et est aliquis
scindendi obsonii magister? 3. Adice, si vis, cur trans
mare possides? cur plura quam nosti? turpiter aut tam

neglegens es, ut non noveris pauculos servos, aut tam luxuriosus, ut plures habeas quam quorum notitiae memoria sufficiat. Adiuvabo postmodo, convicia et plura mihi quam putas obiciam, nunc hoc respondeo tibi: Non sum sapiens et, ut malivolentiam tuam pascam, nec ero. 4. Exige itaque a me, ut non optimis par sim, sed ut malis melior: hoc mihi satis est, cotidie aliquid ex vitiis meis demere et errores meos obiurgare. Non perveni ad sanitatem, ne perveniam quidem: delenimenta magis quam remedia podagrae meae conpono, contentus, si rarius accedit et si minus verminatur. Vestris quidem pedibus conparatus debilis cursor sum.

XVIII. Haec non pro me loquor; ego enim in alto vitiorum omnium sum; sed pro illo, cui aliquid acti est. Aliter, inquit, loqueris, aliter vivis. Hoc, malignissima capita et optimo cuique inimicissima, Platoni obiectum est, obiectum Epicuro, obiectum Zenoni. Omnes enim isti dicebant non quemadmodum ipsi viverent, sed quemadmodum esset ipsis vivendum. De virtute, non de me loquor, et cum vitiis convicium facio, in primis meis facio: cum potuero, vivam quomodo oportet. 2. Nec malignitas me ista multo veneno tincta deterrebit ab optimis: ne virus quidem istud, quo alios spargitis, quo vos necatis, me inpediet, quo minus perseverem laudare vitam, non quam ago, sed quam agendam scio, quo minus virtutem et ex intervallo ingenti reptabundus sequar. 3. Exspectabo scilicet, ut quicquam malivolentiae inviolatum sit, cui sacer nec Rutilius fuit nec Cato? Cur et aliqui non istis nimis dives videatur, quibus Demetrius Cynicus parum pauper est? Virum acerrimum et contra omnia naturae desideria pugnantem, hoc pauperiorem quam ceteros

Cynicos, quod, cum sibi interdixerit habere, interdixit et poscere, negant satis egere. Vides enim ? non virtutis scientiam, sed egestatis professus est.

XIX. Diodorum, Epicureum philosophum, qui intra paucos dies finem vitae suae manu sua inposuit, negant ex decreto Epicuri fecisse, quod sibi gulam praesecuit: alii dementiam videri volunt factum hoc eius, alii temeritatem : ille interim beatus ac plenus bona conscientia reddidit sibi testimonium, vita excedens, laudavitque aetatis in portu et ad ancoram actae quietem et dixit, quod vos inviti audistis, quasi vobis quoque faciendum sit:

Vixi et quem dederat cursum fortuna peregi.

2. De alterius vita, de alterius morte disputatis, et ad nomen magnorum ob aliquam eximiam laudem virorum, sicut ad occursum ignotorum hominum minuti canes, latratis. Expedit enim vobis neminem videri bonum, quasi aliena virtus, exprobratio delictorum vestrorum sit. Invidi splendida, cum sordibus vestris confertis nec intellegitis, quanto id vestro detrimento audeatis. Nam si illi, qui virtutem sequuntur, avari, libidinosi, ambitiosique sunt ; quid vos estis, quibus ipsum nomen virtutis odio est? Negatis quemquam praestare, quae eloquitur, nec ad exemplar orationis suae vivere. 3. Quid mirum, cum loquantur fortia, ingentia, omnes humanas tempestates evadentia ? cum refigere se crucibus conentur, in quas unusquisque vestrum clavos suos ipse adicit? ad supplicium tamen acti stipitibus singulis pendent. Hi, qui in se ipsi animum advertunt, quot cupiditatibus tot crucibus distrahuntur: et maledici in alienam contumeliam venusti

sunt. Crederem illis hoc vacare, nisi quidam ex pati-
bulo suos spectatores conspuerent.

XX. Non praestant philosophi quae loquuntur.
Multum tamen praestant quod loquuntur, quod honesta mente concipiunt. Nam quidem si et paria dictis
agerent, quid esset illis beatius? interim non est quod
contemnas bona verba et bonis cogitationibus plena
praecordia. Studiorum salutarium etiam citra effec-
tum laudanda tractatio est. Quid mirum, si non escen-
dunt in altum ardua adgressi? sed si vir es, suspice, etiam si decidunt, magna conantis. 2. Generosa res est re-
spicientem non ad suas, sed ad naturae suae vires cona-
ri alta, temptare et mente maiora concipere, quam quae
etiam ingenti animo adornatis effici possunt. Qui sibi
hoc proposuit: Ego mortem eodem voltu audiam quo
videbo: ego laboribus, quanticumque illi erunt, parebo
animo fulciens corpus: ego divitias et praesentes et ab-
sentes aeque contemnam nec, si alicubi iacebunt, tristior nec, si circa me fulgebunt, animosior. Ego fortunam nec venientem sentiam nec recedentem: ego terras omnes tamquam meas videbo, meas tamquam omnium: ego sic vivam quasi sciam aliis me natum et
naturae rerum hoc nomine gratias agam. 3. Quo
enim melius genere negotium meum agere potuit?
unum me donavit omnibus, uni mihi omnis: quicquid
habebo, nec sordide custodiam nec prodige spargam:
nihil magis possidere me credam quam bene donata:
non numero nec pondere beneficia nec ulla nisi acci-
pientis aestimatione perpendam: numquam id mihi
multum erit, quod dignus accipiet: nihil opinionis
causa, omnia conscientiae faciam: populo spectante
fieri credam quicquid me conscio faciam. 4. Edendi

mihi erit bibendique finis desideria naturae restingu-
ere, non inplere alvum et exinanire : ego amicis iucun-
dus, inimicis mitis et facilis exorabor antequam roger :
honestis precibus occurram : patriam meam esse mundum sciam et praesides deos : hos supra me circaque
me stare factorum dictorumque censores : quandoque
aut natura spiritum repetet aut ratio dimittet, testatus
exibo bonam me conscientiam amasse, bona_studia,
nullius per me libertatem deminutam, minime meam.

XXI. Qui haec facere proponet, volet, temptabit, ad
deos iter faciet : nae ille, etiam si non tenuerit, *magnis
tamen excidit ausis.* Vos quidem, quod virtutem cul-
toremque eius odistis, nihil novi facitis : nam et solem
lumina aegra formidant et aversantur diem splendi-
dum nocturna animalia, quae ad primum eius ortum
stupent et latibula sua passim petunt, abduntur in aliquas rimas timida lucis. Gemite et infelicem linguam
bonorum exercete convicio; hiscite, conmordete : citius
multo frangetis dentes quam inprimetis. **2.** Quare ille
philosophiae studiosus est et tam dives vitam agit ?
quare opes contemnendas dicit et habet ? vitam con-
temnendam putat et tamen vivit ? valitudinem con-
temnendam et tamen illam diligentissime tuetur atque optimam mavult ? et exilium vanum nomen putat et ait, quid enim est mali mutare regiones ? et
tamen, si licet, senescit in patria ? et inter longius
tempus et brevius nihil interesse iudicat ; tamen, si nihil prohibet, extendit aetatem et in multa senectute
placidus viret ? **3.** Ait ista debere contemni ; non, ne
habeat, sed ne sollicitus habeat : non abigit illa a se,
sed abeuntia securus prosequitur. Divitias quidem
ubi tutius fortuna deponet quam ibi, unde sine querela

reddentis receptura est? M. Cato cum laudaret Curi-
um et Coruncanium et illud seculum, in quo censorium
crimen erat paucae argenti lamellae, possidebat ipse
quadragies sestertium, minus sine dubio quam Crassus,
plus quam Censorius Cato. Maiore spatio, si conparen-
tur, proavum vicerat, quam a Crasso vinceretur. Et, si
maiores illi obvenissent opes, non sprevisset : nec enim
se sapiens indignum ullis muneribus fortuitis putat.
Non amat divitias, sed mavult: non in animum illas,
sed in domum recipit : nec respuit possessas, sed conti-
net et maiorem virtuti suae materiam subministrari vult.

XXII. Quid autem dubii est, quin haec maior materia sapienti viro sit animum explicandi suum, in divitiis
quam in paupertate? cum in hac unum genus virtutis
sit non inclinari nec deprimi; in divitiis et temperantia
et liberalitas et diligentia et dispositio et magnificentia
campum habeat patentem. Non contemnet se sapiens,
etiam si fuerit minimae staturae ; esse tamen se proce-
rum volet : et exilis corpore ac amisso oculo valebit ;
malet tamen sibi esse corporis robur. 2. Et hoc ita,
ut sciat esse aliud in se valentius : malam valitudinem
tolerabit, bonam optabit. Quaedam enim, etiam si in
summam rei parva sunt, et subduci sine ruina princi-
palis boni possunt, adiciunt tamen aliquid ad perpetuam laetitiam et ex virtute nascentem. Sic illum adfi-
ciunt divitiae et exhilarant, ut navigantem secundus
et ferens ventus, ut dies bonus et in bruma ac frigore
apricus locus. 3. Quis porro sapientum, nostrorum dico,
quibus unum est bonum virtus, negat etiam haec, quae
indifferentia vocamus, habere in se aliquid pretii et
alia aliis esse potiora? Quibusdam ex iis tribuitur aliquid honoris, quibusdam multum. Ne erres itaque;

inter potiora divitiae sunt. 4. Quid ergo, inquis, me derides, cum eumdem apud te locum habeant, quem apud me? Vis scire, quam non habeant eumdem locum? mihi divitiae si effluxerint, nihil auferent nisi semetipsas: tu stupebis et videberis tibi sine te relictus, si illae a te recesserint: apud me divitiae aliquem locum habent, apud te summum ac postremum: divitiae meae sunt, tu divitiarum es.

XXIII. Desine ergo philosophis pecunia interdicere: nemo sapientiam paupertate damnavit. Habebit philosophus amplas opes, sed nulli detractas nec alieno sanguine cruentas, sine cuiusquam iniuria partas, sine sordidis quaestibus, quarum tam honestus sit exitus quam introitus, quibus nemo ingemiscat nisi malignus. In quantum vis exaggera illas, honestae sunt: in quibus cum multa sint, quae sua quisque dici velit, nihil est, quod quisquam suum possit dicere. 2. Ille vero fortunae benignitatem a se non submovebit et patrimonio per honesta quaesito nec gloriabitur nec erubescet. Habebit tamen etiam quo glorietur, si aperta domo et admissa in res suas civitate poterit dicere: Quod quisque agnoverit, tollat. O magnum virum, optime divitem, si post hanc vocem tantumdem habuerit! ita dico, si tuto et securus scrutationem populo praebuerit, si nihil quisquam apud illum invenerit, quo manus iniciat; audacter et propalam erit dives. 3. Sapiens nullum denarium intra limen suum admittet male intrantem: idem magnas opes, munus fortunae fructumque virtutis, non repudiabit nec excludet. Quid enim est quare illis bono loco invideat? veniant, hospitentur. Nec iactabit illas nec abscondet: alterum infruniti animi est, alterum timidi et pusilli velut magnum bo-

num intra sinum continentis : nec, ut dixi, eiciet illas
e domo. Quid enim dicet? utrumne, Inutiles estis, an,
Ego uti divitiis nescio ? **4.** Quemadmodum etiam pedibus suis poterit iter conficere, escendere tamen vehicu-
lum malet: sic pauper, si poterit esse dives, volet, et
habebit utique opes, sed tamquam leves et avolaturas :
nec ulli alii nec sibi graves esse patietur. Quid ? Donabit : (quid erexistis aures? quid expeditis sinum ?)
donabit aut bonis aut eis, quos facere poterit bonos :
donabit cum summo consilio dignissimos eligens, ut
qui meminerit tam expensorum quam acceptorum rationem esse reddendam : donabit ex recta et probabili
causa : nam inter turpes iacturas malum munus est.
Habebit sinum facilem, non perforatum, ex quo multa
exeant et nihil excidat.

XXIV. Errat, si quis existimat facilem rem esse do-
nare. Plurimum ista res habet difficultatis, si modo
consilio tribuitur, non casu et inpetu spargitur. Hunc
promereor, illi reddo : huic succurro, huius misereor :
illum instruo, dignum quem non deducat paupertas nec
occupatum teneat : quibusdam non dabo, quamvis desit ; quia, etiam si dedero, erit defuturum : quibusdam
offeram, quibusdam etiam inculcabo. Non possum in
hac re esse neglegens : numquam magis nomina facio,
quam cum dono. **2.** Quid? tu, inquis, recepturus do-
nas ? Immo non perditurus. Eo loco sit donatio, unde
repeti non debeat, reddi possit. Beneficium conlocetur,
quemadmodum thesaurus alte obrutus ; quem non eruas,
nisi fuerit necesse. Quid? domus ipsa divitis viri quan-
tam habet benefaciendi materiam ? Quis enim liberalitatem tantum ad togatos vocat ? hominibus prodesse
natura iubet : servi liberine sint hi, ingenui an libertini,

iustae libertatis an inter amicos datae, quid refert? ubicumque homo est, ibi beneficii locus est. **3.** Potest itaque pecuniam etiam intra limen suum diffundere et liberalitatem exercere; quae non quia liberis debetur, sed quia a libero animo proficiscitur, ita nominata est. Haec apud sapientem nec umquam in turpes indignosque inpingitur nec umquam ita defatigata errat, ut non, quotiens dignum invenerit, quasi ex pleno fluat. Non est ergo, quod perperam exaudiatis, quae honeste, fortiter, animose a studiosis sapientiae dicuntur: et hoc primum adtendite. **4.** Aliud est studiosus sapientiae, aliud iam adeptus sapientiam. Ille tibi dicet; Optime loquor, sed adhuc inter mala volutor plurima: non est, quod me ad formulam meam exigas: cum maxime facio me et formo et ad exemplar ingens adtollo: si processero quantumcumque proposui, exige ut dictis facta respondeant. Adsecutus vero humani boni summa aliter tecum aget et dicet; Primum non est, quod tibi permittas de melioribus ferre sententiam: mihi iam, quod argumentum est recti, contingit malis displicere. **5.** Sed, ut tibi rationem reddam, qua nulli mortalium invideo, audi quid promittam et quanti quaeque aestimem. Divitias nego bonum esse: nam si essent, bonos facerent: nunc quoniam, quod apud malos deprehenditur, dici bonum non potest, hoc illis nomen nego: ceterum et habendas esse et utiles et magna commoda vitae adferentis fateor.

XXV. Quid ergo est? quare illas non in bonis numerem et quid praestem in illis aliud quam vos, quoniam inter utrosque convenit habendas, audite. Pone in opulentissima me domo, pone ubi aurum argentumque in promiscuo usu sit: non suspiciam me ob ista quae, etiam si apud me extra me, tamen sunt. In sublicium

pontem me transfer et inter egentes abige: non ideo
tamen me despiciam, quod in illorum numero conse-
dero, qui manum ad stipem porrigunt: quid enim ad
rem, an frustum panis desit, cui non deest mori posse?
Quid ergo est? domum illam splendidam malo quam
pontem. **2.** Pone in instrumentis splendentibus et
delicato adparatu: nihilo me feliciorem credam, quod
mihi molle erit amiculum, quod purpura convivis meis
substernetur. Nihilo miserius ero, si lassa cervix mea
in manipulo foeni adquiescet, si super Circense tomen-
tum per sarturas veteris lintei effluens incubabo. Quid
ergo est? malo, quid mihi animi sit, ostendere praetextatus et chlamydatus quam nudis scapulis aut semitec-
tis. **3.** Omnes mihi ex voto dies cedant; novae gratu-
lationes prioribus subtexantur: non ob hoc mihi place-
bo. Muta in contrarium hanc indulgentiam temporis;
hinc illinc percutiatur animus damno, luctu, incursioni-
bus variis, nulla hora sine aliqua querela sit: non ideo
me dicam inter miserrima miserum, non ideo aliquem
exsecrabor diem: provisum est enim a me, ne quis
mihi ater dies esset. Quid ergo est? malo gaudia temperare, quam dolores conpescere. **4.** Hoc tibi ille Socrates dicet; Fac me victorem universarum gentium:
delicatus ille Liberi currus triumphantem usque ad
Thebas a solis ortu vehat: iura reges Penatium pe-
tant: me hominem esse maxime cogitabo, cum deus
undique consalutabor. Huic tam sublimi fastigio con-
iunge protinus praecipitem mutationem: in alienum
inponar fericulum exornaturus victoris superbi ac feri
pompam: non humilior sub alieno curru agar quam in
meo steteram. **5.** Quid ergo est? vincere tamen quam
capi malo. Totum fortunae regnum despiciam: sed ex

illo, si dabitur electio, meliora sumam. Quicquid ad me
venerit, bonum fiet; sed malo faciliora ac iucundiora
veniant et minus vexatura tractantem. Non est enim,
quod existimes ullam esse sine labore virtutem: sed quaedam virtutes stimulis, quaedam frenis egent. Quemadmodum corpus in proclivi retineri debet, adversus
ardua inpelli; ita quaedam virtutes in proclivi sunt,
quaedam clivum subeunt. 6. An dubium sit, quin es-
cendat, nitatur, obluctetur patientia, fortitudo, perseve-
rantia et quaecumque alia duris opposita virtus est et
fortunam subigit? Quid ergo? non aeque manifes-
tum est per devexum ire liberalitatem, temperantiam,
mansuetudinem? In his continemus animum, ne pro-
labatur; in illis exhortamur incitamusque. Acerrimas
ergo paupertati adhibebimus, illas quae pugnare sciunt,
fortiores: divitiis illas diligentiores, quae suspensum
gradum ponunt et pondus suum sustinent.

XXVI. Cum hoc ita divisum sit, malo has in usu
mihi esse, quae exercendae tranquillius sunt, quam eas,
quarum experimentum sanguis et sudor est. Ergo non
ego aliter, inquit sapiens, vivo quam loquor, sed vos
aliter auditis. Sonus tantummodo verborum ad aures
vestras pervenit: quid significet non quaeritis. Quid
ergo inter me stultum et te sapientem interest, si uterque habere volumus? Plurimum. Divitiae enim apud
sapientem virum in servitute sunt, apud stultum in imperio: sapiens divitiis nihil permittit, vobis divitiae
omnia. 2. Vos, tamquam aliquis vobis aeternam possessionem earum promiserit, adsuescitis illis et cohaere-
tis; sapiens tunc maxime paupertatem meditatur, cum
in mediis divitiis constitit. Numquam imperator ita
paci credit, ut non se praeparet bello; quod etiam si

non geritur, indictum est. Vos domus formosa, tamquam nec ardere nec ruere possit, insolentes vos opes,
tamquam periculum omne transcenderint maioresque
sint [vobis] quam quibus consumendis satis virium habeat fortuna, obstupefaciunt. **3.** Otiosi divitiis luditis
nec providetis illarum periculum ; sicut barbari ple-
rumque, inclusi et ignari machinarum, segnes laborem
obsidentium spectant nec quo illa pertineant, quae ex
longinquo struuntur, intellegunt. Idem vobis evenit:
marcetis in vestris rebus nec cogitatis, quot casus undique inmineant iam iamque pretiosa spolia laturi. Sapienti quisquis abstulerit divitias, omnia illi sua relinquet:
vivit enim praesentibus laetus, futuris securus. **4.** Nihil magis, inquit ille Socrates aut aliquis alius, cui idem
ius adversus humana atque eadem potestas est, persuasi
mihi, quam ne ad opiniones vestras actum vitae meae
flecterem. Solita conferte undique verba : non convi-
ciari vos putabo, sed vagire velut infantes miserrimos.
Haec dicet ille, cui sapientia contigit, quem animus vitiorum inmunis increpare alios, non quia odit, sed in remedium iubet. **5.** Adiciet his illa: Existimatio me vestra non meo nomine, sed vestro movet [quia calamitates]
Odisse, et lacessere virtutem bonae spei eiuratio est.
Nullam mihi iniuriam facitis : sed ne dis quidem hi
qui aras evertunt. Sed malum propositum adparet
malumque consilium etiam ibi, ubi nocere non potuit.
6. Sic vestras hallucinationes fero, quemadmodum Iupiter optimus maximus ineptias poetarum ; quorum alius illi alas inposuit, alius cornua, alius adulterum illum
induxit et abnoctantem, alius saevum in deos, alius iniquum in homines, alius raptorum ingenuorum corrupto-
rem et cognatorum quidem, alius parricidam et regni

alieni paternique expugnatorem : quibus nihil aliud
actum est, quam ut pudor, hominibus peccandi demere-
tur, si tales deos credidissent. Sed quamquam ista me
nihil laedant, vestra vos moneo causa : **7.** Suspicite virtutem : credite iis, qui illam diu secuti, magnum quiddam ipsos, et quod in dies maius adpáreat, sequi cla-
mant ; et ipsam ut deos, et professores eius ut antistites
colite : et quotiens mentio sacra literarum intervenerit,
favete linguis. Hoc verbum non, ut plerique existimant, a favore trahitur ; sed imperatur silentium, ut
rite peragi possit sacrum nulla voce mala obstrepente.

XXVII. Quod multo magis necessarium est impe-
rari vobis, ut quotiens aliquid ex illo proferetur ora-
culo, intenti et conpressa voce audiatis. Cum sistrum
aliquis concutiens ex imperio mentitur; cum aliquis se-
candi lacertos suos artifex brachia atque humeros suspensa manu cruentat; cum aliquis genibus per viam re-
pens ululat; laurumque linteatus senex et medio lucer-
nam die praeferens conclamat iratum aliquem deorum ;
concurritis et auditis et divinum esse eum, invicem mu-
tuum alentes stuporem, adfirmatis. **2.** Ecce Socrates
ex illo carcere, quem intrando purgavit omnique ho-
nestiorem curia reddidit, proclamat: Quis iste furor ?
quae ista inimica dis hominibusque natura est, infamare
virtutes et malignis sermonibus sancta violare ? Si po-
testis, bonos laudate: si minus, transite. Quod si vobis
exercere tetram istam licentiam placet, alter in alterum
incursitate: nam cum in coelum insanitis, non dico sa-
crilegium facitis, sed operam perditis. Praebui ego aliquando Aristophani materiam iocorum : tota illa comi-
corum poetarum manus in me venenatos sales suos effudit. **3.** Inlustrata est virtus mea per ea ipsa, per quae

petebatur : produci enim illi et temptari expedit ; nec
ulli magis intellegunt, quanta sit, quam qui vires eius
lacessendo senserunt.   Duritia silicis nullis magis quam
ferientibus nota est.   Praebeo me non aliter quam ru-
pes aliqua in vadoso mari destituta, quam fluctus non
desinunt, undecumque moti sunt verberare : nec ideo
aut loco eam movent aut per tot aetates crebro incursu
suo consumunt.   4. Adsilite, facite inpetum : ferendo
vos vincam.   In ea, quae firma et inexsuperabilia sunt,
quicquid incurrit, malo suo vim suam exercet.   Pro-
inde quaerite mollem cedentemque materiam, in qua
tela vestra figantur.   Vobis autem vacat aliena scrutari
mala et sententias ferre de quoquam ? Quare hic philosophus laxius habitat, quare hic lautius coenat ? Pa-
pulas observatis alienas, obsiti plurimis ulceribus ? 5.
Hoc tale est quale si quis pulcherrimorum corporum
naevos aut verrucas derideat, quem fera scabies depascitur.   Obicite Platoni, quod petierit pecuniam, Aristoteli, quod acceperit, Democrito, quod neglexerit, Epicuro, quod consumpserit : mihi ipsi Alcibiadem et
Phaedrum obiectate.   6. O vos usu maxime felices,
cum primum vobis imitari vitia nostra contigerit !
Quin potius mala vestra circumspicitis, quae vos ab
omni parte confodiunt, alia grassantia extrinsecus, alia
in visceribus ipsis ardentia ? Non eo loco res humanae sunt (etiam si statum vestrum parum nostis,) vobis tantum otii supersit, ut in probra meliorum agitare
linguam vacet

XXVIII. Hoc vos non intellegitis et alienum fortunae vestrae voltum geritis ; sicut plurimi, quibus in circo aut theatro desidentibus iam funesta domus est nec
adnuntiatum malum.   At ego ex alto prospiciens video,

quae tempestates aut inmineant vobis, paulo tardius
rupturae nimbum suum, aut iam vicinae, vos ac vestra rapturae propius accesserint. Quid porro? nonne
nunc quoque, etiam si parum sentitis, turbo quidam
animos vestros rotat et involvit, fugientes petentesque
eadem et nunc in sublime adlevatos nunc in infima
adlisos? * * * * * *

Palace of the Caesars at Rome.

H

The Forum from the Capitol.

L. ANNAEI SENECAE

AD LUCILIUM

EPISTULAE SELECTAE,

ET

EPIGRAMMATA.

The teaching of Seneca, which drew all its interest from Greek philosophy, was alien from the old Roman sentiments. His doctrines were essentially cosmopolite. He sought to refer questions of honor and justice to general and eternal principles, rather than to solve them by the tests of precedents and political traditions. The educated men of the later Republic, as well as of the early Empire, had opened their arms wide to embrace these foreign speculations; and whether they had resigned themselves to Epicurism, as was the fashion under Julius and Augustus, or had cultivated Stoicism, which was now more generally in vogue, they equally abandoned the ground of their unpolished fathers, which asserted the pre-eminence of patriotism above all the virtues, the subordination of every claim of right and duty to national interest and honor. . . . As yet, Stoicism, in the ranks of Roman society, was merely a speculative creed; and the habit now prevalent there, of speculating on the unity of mankind, the equality of races, the universality of justice, the subjection of prince and people, of masters and slaves, of conqueror and conquered, to one rule of Right, tended undoubtedly to sap the exclusive and selfish spirit of Roman antiquity.

MERIVALE.

[EPISTULAE SELECTAE.]

EPISTULA II. — *I.*

SENECA LUCILIO SUO SALUTEM.

Ex his quae mihi scribis, et ex his quae audio, bonam spem de te concipio. Non discurris nec locorum mutationibus inquietaris. Aegri animi ista iactatio est. Primum argumentum conpositae mentis existimo, posse consistere et secum morari. Illud autem vide, ne ista lectio auctorum multorum et omnis generis voluminum habeat aliquid vagum et instabile. Certis ingeniis inmorari et innutriri oportet, si velis aliquid trahere, quod in animo fideliter sedeat. Nusquam est qui ubique est. Vitam in peregrinatione exigentibus hoc evenit, ut multa hospitia habeant, nullas amicitias. Idem accidat necesse est his, qui nullius se ingenio familiariter adplicant, sed omnia cursim et properantes transmittunt. Non prodest cibus nec corpori accedit, qui statim sumptus emittitur. Nihil aeque sanitatem inpedit quam remediorum crebra mutatio. Non venit volnus ad cicatricem, in quo medicamenta temptantur: non convalescit planta, quae saepe transfertur: nihil tam utile est, in transitu prosit: distringit librorum multitudo. Itaque cum legere non possis, quantum habueris, satis est habere, quantum legas. Sed modo, inquis, hunc librum evolvere volo, modo illum. Fastidientis stomachi est multa degustare, quae ubi varia sunt et diversa, inquinant, non alunt. Probatos itaque semper lege, et si quando ad alios diverti libuerit, ad priores redi. Aliquid cotidie adversus paupertatem, aliquid adversus mortem auxilii conpara, nec mi-

nus adversus ceteras pestes : ╫ et cum multa percurreris, unum
excerpe, quod illo die concoquas.   Hoc ipse quoque facio : ex
pluribus, quae legi, aliquid adprehendo.   Hodiernum hoc est,
quod apud Epicurum nanctus sum : (soleo enim et in aliena
castra transire, non tamquam transfuga, sed tamquam explora-
tor :) *Honesta*, inquit, *res est laeta paupertas*.   Illa vero non
est paupertas, si laeta est.   Non qui parum habet, sed qui
plus cupit, pauper est. ╫ Quid enim refert, quantum illi in
arca, quantum in horreis iaceat, quantum pascat, quantum fe-
neret, si alieno inminet, si non adquisita, sed adquirenda con-
putat ?   Quis sit divitiarum modus, quaeris : primus, habere
quod necesse est, proximus, quod sat est.   Vale.

<hr />

EPISTULA VI. — 2

SENECA LUCILIO SUO SALUTEM.

Intellego, Lucili, non emendari me tantum, sed transfigurari.
Nec hoc promitto iam aut spero, nihil in me superesse, quod
mutandum sit.   Quidni multa habeam, quae debeant[colligi]comi
quae extenuari, quae attolli ?   Et hoc ipsum argumentum est
in melius translati animi, quod vitia sua, quae adhuc ignora-
bat, videt.   Quibusdam aegris gratulatio fit, cum ipsi aegros
se esse senserunt. ╫ Cuperem itaque tecum communicare
tam subitam mutationem mei : tunc amicitiae nostrae certi-
orem fiduciam habere coepissem, illius verae, quam non spes,
non timor, non utilitatis suae cura divellit : illius, cum qua
homines moriuntur, pro qua moriuntur.   Multos tibi dabo,
qui non amico, sed amicitia caruerunt.   Hoc non potest accidere, cum animos in societatem honesta cupiendi par voluntas
trahit. ✗ Quidni non possit ?   Sciunt enim ipsos omnia habere communia, et quidem magis adversa.   Concipere animo
non potes, quantum momenti adferre mihi singulos dies videam.   Mitte, inquis, et nobis ista, quae tam efficacia expertus
es.   Ego vero omnia in te cupio transfundere, et in hoc ali-

quid gaudeo discere, ut doceam : nec me ulla res delectabit,
licet sit eximia et salutaris, quam mihi uni sciturus sum.
Si cum hac exceptione detur sapientia, ut illam inclusam tene-
am nec enuntiem, reiciam. Nullius boni, sine socio iucunda
possessio est. Mittam itaque ipsos tibi libros : et ne multum
operae inpendas, dum passim profutura sectaris, inponam no-
tas, ut ad ipsa protinus, quae probo et miror, accedas. Plus
tamen tibi et viva vox et convictus quam oratio proderit.
In rem praesentem venias oportet : primum, quia homines
amplius oculis quam auribus credunt : deinde, quia longum
iter est per praecepta, breve et efficax per exempla. Zenonem Cleanthes non expressisset, si tantummodo audisset.
Vitae eius interfuit, secreta perspexit, observavit illum, an ex
formula sua viveret. Platon et Aristoteles et omnis in diver-
sum itura sapientium turba plus ex moribus quam ex verbis
Socratis traxit. Metrodorum et Hermarchum et Polyaenum
magnos viros non schola Epicuri, sed contubernium fecit.
Nec in hoc te accerso tantum, ut proficias, sed ut prosis : plurimum enim alter alteri conferemus. Interim quoniam di-
urnam tibi mercedulam debeo, quid me hodie apud Hecato-
nem delectaverit dicam. *Quaeris*, inquit, *quid profecerim ?
amicus esse mihi.* Multum proficit : numquam erit solus.
Scito hunc amicum omnibus esse. Vale.

EPISTULA X. — *3.*

SENECA LUCILIO SUO SALUTEM.

Sic est, non muto sententiam : fuge multitudinem, fuge
paucitatem, fuge etiam unum. Non habeo cum quo te com-
municatum velim. Et vide, quod iudicium meum habeas :
audeo te tibi credere. Crates, ut aiunt, huius ipsius Stilbonis
auditor, cuius mentionem priori epistula feci, cum vidisset
adulescentulum secreto ambulantem, interrogavit, *quid illic
solus faceret ? Mecum*, inquit, *loquor.* Cui Crates : *Cave*, in-

quit, *rogo, et diligenter adtende, ne cum homine malo loquaris.*
₡ Lugentem timentemque custodire solemus, ne solitudine
male utatur : nemo est ex inprudentibus, qui relinqui sibi debeat. Tunc mala consilia agitant : tunc aut aliis aut ipsis futura pericula struunt : tunc cupiditates inprobas ordinant : tunc
quicquid aut metu aut pudore celabat, animus exponit : tunc
audaciam acuit, libidinem inritat, iracundiam instigat. Denique quod unum solitudo. habet commodum, nihil ulli com-
mittere, non timere indicem, perit stulto : ipse se prodit. ₡
Vide itaque, quid de te sperem, immo quid spondeam mihi
(spes enim incerti boni nomen est) : non invenio cum quo
te malim esse quam tecum. Repeto memoria, quam magno
animo quaedam verba proieceris, quanti roboris plena. Gra-
tulatus sum protinus mihi et dixi : non a summis labris ista
venerunt, habent hae voces fundamentum : iste homo non est
unus e populo, ad salutem spectat. ₡ Sic loquere, sic vive :
vide ne te ulla res deprimat. Votorum tuorum veterum licet
deis gratiam facias, alia de integro suscipe : roga bonam mentem, bonam valitudinem animi, deinde corporis. Quidni tu
ista vota saepe facias ? Audacter deum roga : nihil illum, de
alieno rogaturus es. Sed ut more meo, cum aliquo munusculo
epistulam mittam, verum est, quod apud Athenodorum inveni :
₡ *Tunc scito esse te omnibus cupiditatibus solutum, cum eo*
perveneris, ut nihil deum roges, nisi quod rogare possis palam.
Nunc enim quanta dementia est hominum ! turpissima vota
dis insusurrant : si quis admoverit aurem, conticescent : et
quod scire hominem nolunt, deo narrant. Vide ergo, ne hoc
praecipi salubriter possit : Sic vive cum hominibus, tamquam
deus videat : sic loquere cum deo, tamquam homines audiant.
Vale.

EPISTULA XXIII.— ☇.

SENECA LUCILIO SUO SALUTEM.

Putas me tibi scripturum, quam humane nobiscum hiems
egerit, quae et remissa fuit et brevis, quam malignum ver
sit, quam praeposterum frigus, et alias ineptias. verba quae-
rentium. Ego vero aliquid, quod et mihi et tibi prodesse
possit, scribam. Quid autem id erit, nisi ut te exhorter ad
bonam mentem? Huius fundamentum quod sit quaeris? Ne
gaudeas vanis. Fundamentum hoc esse dixi: culmen est.
Ad summa pervenit, qui scit, quo gaudeat, qui felicitatem
suam in aliena potestate non posuit. Sollicitus est et in-
certus sui, quem spes aliqua prorjtat, licet ad manum sit, licet
non ex difficili petatur, licet numquam illum sperata decepe-
rint. Hoc ante omnia fac, mi Lucili: disce gaudere. Existimas nunc me detrahere tibi multas voluptates, qui fortuita sub-
moveo, qui spes, dulcissima oblectamenta devitanda existimo?
immo contra nolo tibi umquam deesse laetitiam. Volo illam
tibi domi nasci: nascitur, si domus intra te ipsum sit. Ce-
terae hilaritates non inplent pectus: frontem remittunt, leves
sunt: nisi forte tu iudicas eum gaudere qui ridet. Animus
esse debet alacer et fidens et super omnia erectus. Mihi
crede, verum gaudium res severa est. An tu existimas quem-
quam soluto voltu et, ut isti delicati loquuntur, hilari~~cule~~ mor- *c·e·₁*
tem contemnere? paupertati domum aperire? voluptates te-
nere sub freno? meditari dolorum patientiam? Haec qui
apud se versat, in magno gaudio est, sed parum blando. In
huius gaudii possessione esse te volo: numquam deficiet, cum
semel uṇde petatur inveneris. Levium metallorum fructus in
summo est: illa opulentissima sunt, quorum in alto latet vena
adsidue plenius responsura fodienti. Haec, quibus delectatur
volgus, tenuem habent ac perfusoriam voluptatem, et quodcum-
que inveṇticium gaudium est, fundamento caret: hoc, de quo

II 2

loquor, ad quod te conor perducere, solidum est, et quod plus pateat introrsus. ⚷ Fac, oro te, Lucili carissime, quod unum potest te praestare felicem : disice et conculca ista, quae extrinsecus splendent, quae tibi promittuntur ab alio : ad vèrum bonum specta et de tuo, gaude. Quid est autem hoc *de tuo?* Te ipso et tui optima parte. Corpusculum quoque, etiam si nihil fieri sine illo potest, magis necessariam rem crede quam magnam : vanas subgerit voluptates, breves, poenitendas, ac nisi magna moderatione temperentur, in contrarium abituras. ⚷ Ita dico : in praecipiti voluptas ad dolorem vergit, nisi modum tenuit : modum autem tenere in eo difficile est, quod bonum esse credideris. Veri boni aviditas tuta est. Quid sit istud, interrogas, aut unde subeat? Dicam : ex bona conscientia, ex honestis consiliis, ex rectis actionibus, ex contemptu fortuitorum, ex placido vitae et continuo tenore unam prementis viam. Nam illi, qui ex aliis propositis in alia transsiliunt aut ne transsiliunt quidem, sed casu quodam transmittuntur, quomodo habere quicquam certum mansurumve possunt suspensi et vagi? ⚷ Pauci sunt, qui consilio se suaque disponant : ceteri eorum more, quae fluminibus innatant, non eunt, sed feruntur. Ex quibus alia lenior unda detinuit ac mollius vexit, alia vehementior rapuit, alia proxima ripae cursu languescente deposuit, alia torrens inpetus in mare eiecit. Ideo constituendum est, quid velimus, et in eo perseverandum. Hic est locus solvendi aeris alieni. Possum enim vocem tibi Epicuri tui reddere et hanc epistulam liberare : ⚷ *Molestum est semper vitam inchoare:* aut si hoc modo magis sensus potest exprimi : *Male vivunt, qui semper vivere incipiunt.* Quare? inquis. Desiderat enim explanationem ista vox. Quia semper illis inperfecta vita est. Non potest autem stare paratus ad mortem, qui modo incipit vivere. ‐ Id agendum est, ut satis vixerimus : nemo hoc putat, qui orditur cum maxime vitam. Non est quod existimes paucos esse hos : propemodum omnes sunt. Quidam vero tunc incipiunt, cum desinendum est. Si hoc iudicas mirum, adiciam quod magis admireris : quidam ante vivere desierunt quam inciperent. Vale.

EPISTULA XLI. — *5.*

SENECA LUCILIO SUO SALUTEM.

Facis rem optimam et tibi salutarem, si, ut scribis, perseveras ire ad bonam mentem, quam stultum est optare, cum possis a te inpetrare. Non sunt ad coelum elevandae manus nec exorandus aedituus, ut nos ad aurem simulacri, quasi magis exaudiri possimus, admittat: prope est a te deus, tecum est, intus est. Ita dico, Lucili: sacer intra nos spiritus sedet, malorum bonorumque nostrorum observator, et custos: hic prout a nobis tractatus est, ita nos ipse tractat. 2. Bonus vero vir sine deo nemo est. An potest aliquis supra fortunam nisi ab illo adiutus exsurgere? Ille dat consilia magnifica et erecta. In unoquoque virorum bonorum

quis deus incertum est, habitat deus.

Si tibi occurrit vetustis arboribus et solitam altitudinem egressis frequens lucus et conspectum coeli densitate ramorum aliorum alios protegentium submovens: illa proceritas silvae et secretum loci et admiratio umbrae in aperto, tam densae atque continuae fidem tibi numinis facit. 3. Et si quis specus saxis penitus exesis montem suspenderit, non manu factus, sed naturalibus causis in tantam laxitatem excavatus, animum tuum quadam religionis suspicione percutiet. Magnorum fluminum capita veneramur: subita ex abdito vasti amnis eruptio aras habet: coluntur aquarum calentium fontes, et stagna quaedam vel opacitas vel inmensa altitudo sacravit. 4. Si hominem videris interritum periculis, intactum cupiditatibus, inter adversa felicem, in mediis tempestatibus placidum, ex superiore loco homines videntem, ex aequo deos: non subibit te eius veneratio? non dices: Ista res maior est altiorque quam ut credi similis huic, in quo est, corpusculo possit? Vis istuc divina descendit. Animum excellentem,

moderatum, omnia tamquam minora transeuntem quicquid
timemus optamusque ridentem, coelestis potentia agitat. 5.
Non potest res tanta sine adminiculo numinis stare : itaque
maiore sui parte illic est, unde descendit. Quemadmodum
radii solis contingunt quidem terram, sed ibi sunt, unde mit-
tuntur: sic animus magnus ac sacer et in hoc demissus, ut propius divina nossemus, conversatur quidem nobiscum, sed hae-
ret origini suae : illinc pendet, illuc spectat ac nititur, nostris
tamquam melior interest. 6. Quis est ergo hic animus ? qui
nullo bono nisi suo [nitet.] Quid enim est stultius quam in homine aliena laudare ? quid eo dementius, qui ea miratur, quae
ad alium transferri protinus possunt ? Non faciunt meliorem
equum aurei freni. Aliter leo aurata iuba mittitur, dum con-
tractatur et ad patientiam recipiendi ornamenti cogitur fatiga-
tus, aliter incultus, integri spiritus. Hic scilicet inpetu acer,
qualem illum natura esse voluit, speciosus ex horrido, cuius hic
decor est, non sine timore adspici, praefertur illi languido et
bracteato. Nemo gloriari nisi suo debet. 7. Vitem laudamus,
si fructu palmites onerat, si ~~~~~~~~~~~~~~~~~~~~~~~
~~~~ adminicula deducit. Num quis huic illam praeferret vitem, cui aureae uvae, aurea folia dependent ? Propria virtus
est in vite fertilitas : in homine quoque id laudandum est,
quod ipsius est. Familiam formosam habet et domum pul-
chram, multum serit, multum fencrat : nihil horum in ipso
est, sed circa ipsum. 8. Lauda in ipso, quod nec eripi potest
nec dari, quod propium hominis est. Quaeris quid sit ? Animus et ratio in animo perfecta. Rationale enim animal est
homo : consummatur itaque eius bonum, si id inplevit, cui
nascitur. Quid est autem, quod ab illo ratio haec exigat ?
Rem facillimam ; secundum naturam suam vivere. Sed hanc
difficilem facit communis insania : in vitia alter alterum tru-
dimus : quomodo autem revocari ad salutem possunt, quos
nemo retinet, populus inpellit ? Vale.

*ipsa ad terram, pondere
um quam fuit,

EPISTULA LXXXVI. — 6.

SENECA LUCILIO SUO SALUTEM.

In ipsa Scipionis Africani villa iacens haec tibi scribo ado-
ratis manibus eius et quam sepulchrum esse tanti viri
suspicor. Animum quidem eius in coelum, ex quo erat, re-
disse persuadeo mihi, non quia magnos exercitus duxit (hos
enim et Cambyses furiosus ac furore feliciter usus habuit), sed
ob egregiam moderationem pietatemque, quam magis in illo
admiror, cum reliquit patriam, quam cum defendit. Aut
Scipio Romae deesse debebat aut Romae libertati. *Nihil*, inquit, *volo derogare legibus, nihil institutis: aequum
inter omnes cives ius sit : utere sine me beneficio meo, patria :
causa tibi libertatis fui, ero et argumentum. Exeo, si plus
tibi quam expedit, crevi.* Quidni ego admirer hanc magnitudinem animi, qua in exilium voluntarium secessit et civitatem
exoneravit? Eo perducta res erat, ut aut libertas Scipioni aut
Scipio libertati faceret iniuriam. Neutrum fas erat : itaque
locum dedit legibus et se Liternum recepit tam suum exilium
reipublicae inputaturus quam Hannibalis. Vidi villam struc-
tam lapide quadrato, murum circumdatum silvae, turres quoque in propugnaculum villae utrimque subrectas, cisternam
aedificiis ac viridibus subditam, quae sufficere in usum vel
exercitus posset, balneolum angustum, tenebricosum ex consuetudine antiqua (non videbatur maioribus nostris caldum
nisi obscurum). Magna ergo me voluptas subiit contemplan-
tem mores Scipionis ac nostros. In hoc angulo ille Cartha-
ginis horror, cui Roma debet, quod tantum semel capta est,
abluebat corpus laboribus rusticis fessum : exercebat enim
opere se terramque, ut mos fuit priscis, ipse subigebat. Sub
hoc ille tecto tam sordido stetit : hoc illum pavimentum tam
vile sustinuit. At nunc quis est, qui sic lavari sustineat?
pauper sibi videtur ac sordidus, nisi parietes magnis et preti-

osis orbibus refulserunt, nisi Alexandrina marmora Numidicis
crustis distincta sunt, nisi illis undique operosa et in picturae
modum variata circumlitio praetexitur, nisi vitro absconditur
camera, nisi Thasius lapis, quondam rarum in aliquo spectaculum templo, piscinas nostras circumdedit, in quas multa suda-
tione corpora exsaniata demittimus, nisi aquam argentea epi-
tonia fuderunt.   ꝑ. Et adhuc plebeias fistulas loquor : quid,
cum ad balnea libertinorum pervenero ? quantum statuarum,
quantum columnarum est nihil sustinentium, sed in ornamentum positarum inpensae causa ! quantum aquarum per gradus
cum fragore labentium !   Eo deliciarum pervenimus, ut. nisi
gemmas calcare nolimus.   In hoc balneo Scipionis minimae
sunt rimae magis quam fenestrae muro lapideo exsectae, ut
sine iniuria munimenti lumen admitterent.   ꝑ. At nunc blat-
taria vocant balnea, si qua non ita aptata sunt, ut totius diei
solem fenestris amplissimis recipiant, nisi et lavantur simul et
colorantur, nisi ex solio agros et maria prospiciunt.   Itaque
quae concursum et admirationem habuerant, cum dedicarentur,
in antiquorum numerum reiciuntur, cum aliquid novi luxuria
commenta est, quo ipsa se obrueret.   ꝑ. At olim et pauca
erant balnea nec ullo cultu exornata : cur enim ornaretur res
quadrantaria et in usum, non oblectamentum reperta ?   Non
subfundebatur aqua nec recens semper velut ex calido fonte
currebat ; nec referre credebant, in quam perlucida sordes de-
ponerent.   Sed, di boni, quam iuvat illa balnea intrare obscura
et gregali tectorio inducta, quae scires Catonem tibi aedilem
aut Fabium Maximum aut ex Corneliis aliquem manu sua tem-
perasse ?   ꝑ. Nam hoc quoque nobilissimi aediles fungebantur
officio intrandi ea loca, quae populum receptabant, exigendi-
que munditias et utilem ac salubrem temperaturam, non hanc,
quae nuper inventa est similis incendio, adeo quidem, ut con-
victum in aliquo scelere servum vivum lavari oporteat.   Nihil
mihi videtur iam interesse, ardeat balneum an caleat.   Quan-
tae nunc aliquis rusticitatis damnat Scipionem, quod non in
caldarium suum latis specularibus diem admiserat ? quod non
in multa luce decoquebatur et exspectabat, ut in balneo. con-
coqueret.   ꝑ. O hominem calamitosum ! nesciit vivere.   Non

saccata aqua lavabatur, sed saepe turbida et, cum plueret vehe-
mentius, paene lutulenta: nec multum eius intererat, an sic la-
varetur: veniebat enim ut sudorem illic ablueret, non ut unguentum. Quas nunc quorumdam futuras voces credis? Non
invideo Scipioni: vere in exilio vixit, qui sic lavabatur. Immo,
si scias, non cotidie lavabatur. [11. Nam, ut aiunt, qui priscos
mores Urbis tradiderunt, brachia et crura cotidie abluebant,
quae scilicet sordes opere collegerant: ceterum toti nundinis
lavabantur. Hoc loco dicet aliquis: Liquet mihi inmundissi-
mos fuisse. Quid putas illos oluisse? Militiam, laborem, virum. Postquam munda balnea inventa sunt, spurciores sunt.
12. Descripturus infamem et nimiis notabilem deliciis Horatius
Flaccus quid ait?

Pastillos Rufillus olet.

Dares nunc Rufillum: perinde esset, ac si hircum oleret. Gor-
gonii loco esset, quem idem Horatius Rufillo obposuit. Parum
est sumere unguentum, nisi bis die terque renovatur, ne evane-
scat in corpore. Quid, quod hoc odore tamquam suo gloriantur? 13. Haec si tibi nimium tristia videbuntur, villae inputa-
bis in qua didici ab Aegialo, diligentissimo patrefamiliae (is
enim huius agri nunc possessor est), quamvis vetus arbustum
posse transferri. Hoc nobis senibus discere necessarium est,
quorum nemo non olivetum alteri ponit: quod vidi illum arborum trimum et quadrimum fastidiendi fructus autumno depo-
nere. 14. Te quoque proteget illa, quae

Tarda venit, seris factura nepotibus umbram,

ut ait Vergilius noster, qui non quid verissime, sed quid de-
centissime diceretur adspexit nec agricolas docere voluit, sed
legentes delectare. 15. Nam, ut alia omnia transeam, hoc quod
mihi hodie necesse fuit deprehendere, adscribam:

Vere fabis satio est: tunc te quoque, medica, putres
Accipiunt sulci et milio venit annua cura.

An uno tempore ista ponenda sint et an utriusque verna sit
satio, hinc aestimes licet. Iunius mensis est, quo tibi scribo,

iam proclivus in Iulium : 16. eodem die vidi fabam metentes, milium serentes. Ad olivetum revertar, quod vidi duobus modis dispositum. Magnarum arborum truncos circumcisis ramis et ad unum redactis pedem cum rapo suo transtulit amputatis radicibus, relicto tantum capite ipso, ex quo illae pependerant. Hoc fimo tinctum in scrobem demisit ; deinde terram non adgessit tantum, sed calcavit et pressit. 17. Negat quicquam esse hac, ui ait, spissatione efficacius : videlicet frigus excludit et ventum : minus praeterea movetur et ob hoc nascentes radices prodire patitur ac solum adprehendere, quas necesse est cereas adhuc et precario haerentes, levis quoque revellat agitatio : parum autem arboris, antequam obruat, radix. Ex omni enim materia, quae nudata est, ut ait, radices exeunt novae. 18. Non plures autem super terram eminere debet truncus quam tres aut quatuor pedes : statim enim ab imo vestietur : nec magna pars quemadmodum in olivetis veteribus arida et retorrida erit. Alter ponendi modus hic fuit : ramos fortes nec corticis duri, quales esse novellarum arborum solent, eodem genere deposuit. Hi paulo tardius surgunt ; sed cum tamquam a planta processerint, nihil habent in se horridum aut triste. 19. Illud etiamnunc vidi, vitem ex arbusto suo annosam transferri : huius capillamenta quoque, si fieri potest, colligenda sunt : deinde liberalius sternenda vitis, ut etiam ex corpore radicescat. Et vidi non tantum mense Februario positas ; sed etiam Martio exacto tenent et conplexae sunt non suas ulmos. Omnes autem istas arbores, quae, ut ita dicam, grandiscapiae sunt, ait aqua adiuvandas cisternina ; quae si prodest, habemus pluviam in nostra potestate. Plura te docere non cogito ne, quemadmodum Aegialus me sibi adversarium paravit, sic ego parem te mihi. Vale.

EPISTULA CVII.

SENECA LUCILIO SUO SALUTEM.

Ubi illa prudentia tua? ubi in dispiciendis rebus subtilitas? ubi magnitudo? Tam pusilla te res angit? Servi occupationes tuas occasionem fugae putaverunt. Si amici deciperent? (habeant enim sane nomen, quod illis noster Epicurus inposuit, et vocentur) que turpius desiat omnibus rebus tuis? desunt illi, qui et operam tuam conterebant et te aliis molestum esse [credebant.] 2. Nihil horum insolitum, nihil inexspectatum est. Offendi rebus istis, tam ridiculum est quam queri, quod spargaris in publico aut inquineris in luto. Eadem vitae condicio est, quae balnei, turbae, itineris: quaedam mittentur, quaedam incident. Non est delicata res vivere. Longam viam ingressus es: et labaris oportet et arietes et cadas et lasseris et exclames: *O mors!* id est mentiaris. Alio loco comitem relinques, alio efferes, alio timebis. Per eiusmodi offensas emetiendum est confragosum hoc iter. Mori vult? 3. Praeparetur animus contra omnia: sciat se venisse, ubi tonat fulmen: sciat se venisse ubi

Luctus et ultrices posuere cubilia curae
Pallentesque habitant morbi tristisque senectus.

In hoc contubernio vita degenda est. Effugere ista non potes: contemnere potes: contemnes autem, si saepe cogitaveris et futura praesumpseris. 4. Nemo non fortius ad id, cui se diu conposuerat, accessit et duris quoque, si praemeditata erant, obstitit. At contra inparatus etiam levissima expavit. Id agendum est, ne quid nobis inopinatum sit: et quia omnia novitate graviora sunt, hoc cogitatio adsidua praestabit, ut nulli sis malo tiro. 5. "Servi me reliquerunt." Alium conpilaverunt, alium accusaverunt, alium occiderunt, alium prodiderunt, alium calcaverunt, alium veneno, alium criminatione petierunt. Quicquid dixeris, multis accidit. Deinceps, quae multa et varia sunt in nos diriguntur. Quaedam in nos fixa sunt, quaedam vibrant et cum maxime veniunt, quaedam in alios perventura nos stringunt. 6. Nihil miremur eorum, ad quae nati sumus, quae ideo nulli querenda, quia paria sunt omnibus. Ita dico, paria sunt : nam etiam quod effugit aliquis, pati potuit : aequum autem ius est, non quo omnes usi sunt, sed quod omnibus latum est. Imperetur aequitas animo et sine querela mortalitatis tributa pendamus. Hiems frigora adducit : algendum est : aestas calores refert : aestuandum est. 7. Intemperies coeli valitudinem temptat : aegrotandum est. Et fera nobis aliquo loco occurret et homo perniciosior feris omnibus. Aliud aqua, aliud ignis eripiet. Hanc rerum condicionem mutare non possumus : id possumus, magnum sumere animum et viro bono dignum, quo fortiter fortuita patiamur et naturae consentiamus. 8. Natura autem hoc, quod vides, regnum mutationibus temperat. Nubilo serena succedunt : turbantur maria, cum quieverunt : flant invicem venti : noctem dies sequitur : pars coeli consurgit, pars mergitur : contrariis rerum aeternitas constat. Ad hanc legem animus noster aptandus est : hanc sequatur, huic pareat : et quaecumque fiunt, debuisse fieri putet nec velit obiurgare naturam. 9. Optimum est pati, quod emendare non possis, et deum, quo auctore cuncta proveniunt, sine murmuratione comitari. Malus miles est, qui imperatorem gemens sequitur. Quare inpigri atque alacres excipiamus imperia nec deseramus hunc operis pulcherrimi cursum, cui quicquid patimur, intextum est. 10. Et sic adloquamur Iovem, cuius gubernaculo moles ista dirigitur, quemadmodum Cleanthes noster versibus disertissimis adloquitur, quos mihi in nostrum sermonem mutare permittitur Ciceronis, disertissimi viri, exemplo. Si placuerint, boni consules : si displicuerint, scies me in hoc secutum Ciceronis exemplum.

11. *Duc, o parens celsique dominator poli,*
Quocumque placuit: nulla parendi mora est.
Adsum inpiger. Fac nolle, comitabor gemens
Malusque patiar, quod pati licuit bono.
Ducunt volentem fata, nolentem trahunt.

Sic·vivamus, sic loquamur: paratos nos inveniat atque inpigros fatum.   Hic est magnus animus, qui se deo tradidit: at contra ille pusillus et degener, qui obluctatur et de ordine mundi male existimat et emendare mavult deos quam se. Vale.

EPISTULA CXVIII. — $\mathcal{S}$ ·

Seneca Lucilio suo salutem.

Exigis a me frequentiores epistulas.   Rationes conferamus: solvendo non eris.   Convenerat quidem, ut tua priora essent: tu scriberes, ego rescriberem.   Sed non ero difficilis: bene credi tibi scio: itaque in antecessum dabo.   Nec faciam, quod Cicero, vir disertissimus, facere Atticum iubet, *ut, etiam si rem nullam habebit, quod in buccam venerit, scribat.* 2. Numquam potest deesse, quod scribam, ut omnia illa, quae Ciceronis inplent epistulas, transeam: *quis candidatus laboret: quis alienis, quis suis viribus pugnet: quis consulatum fiducia Caesaris, quis Pompeii, quis arcae petat: quam durus sit fenerator Caecilius, a quo minoris. centesimis propinqui nummum movere non possint.*   Sua satius est mala quam aliena tractare, se excutere et videre, quam multarum rerum candidatus sit, et non suffragari.   3. Hoc est, mi Lucili, egregium, hoc securum ac liberum, nihil petere et tota fortunae comitia transire.   Quam putas esse iucundum tribubus vocatis, cum candidati in templis suis pendeant et alius nummos pronuntiet, alius per sequestrem agat, alius eorum manus osculis conterat, quibus designatus contingendam manum negaturus est, omnes adtoniti vocem praeconis exspectant, stare otiosum et spectare illas nundinas nec ementem quicquam nec vendentem?   4. Quanto hic maiore gaudio fruitur, qui non praetoria aut consularia comitia securus intuetur, sed magna illa, in quibus alii honores anniversarios petunt, alii perpetuas potestates, alii bellorum eventus prosperos, triumphosque, alii divitias, alii matrimonia ac liberos, alii salutem suam suorumque!   Quanti animi res est solum nihil petere, nulli supplicare et dicere: *Nihil mihi tecum, fortuna. Non facio mei tibi copiam: scio apud te Catones repelli, Vatinios fieri: nihil rogo.* Hoc est privatam facere fortunam. 5. Licet ergo haec invicem scribere et hanc integram semper egerere materiam circumspicientibus tot milia hominum inquieta, qui ut aliquid pestiferi consequantur, per mala nituntur in malum petuntque mox fugienda aut etiam fastidienda. Cui enim adsecuto satis fuit, quod optanti nimium videbatur? 6. Non est, ut existimant homines, avida felicitas, sed pusilla: itaque neminem satiat. Tu ista credis excelsa, quia longe ab illis iaces: ei vero, qui ad illa pervenit, humilia sunt. Mentior, nisi adhuc quaerit escendere: istuc, quod tu summum putas, gradus est. Omnes autem male habet ignorantia veri. 7. Tamquam ad bona feruntur decepti rumoribus: deinde mala esse aut inania aut minora quam speraverint, adepti ac multa passi vident: maiorque pars miratur ex intervallo fallentia et volgo magna pro bonis sunt. Hoc ne nobis quoque eveniat, quaeramus, *quid sit bonum.* Varia eius interpretatio fuit: alius illud aliter expressit. 8. Quidam ita finiunt: *Bonum est quod invitat animos, quod ad se vocat.* Huic statim obponitur: Quid si invitat quidem, sed in perniciem? scis quam multa mala blanda sint. Verum et verisimile inter se differunt. Ita quod bonum est, vero iungitur: non est enim bonum nisi verum est: at quod invitat ad se et adlicefacit, verisimile est: subripit, sollicitat, adtrahit. 9. Quidam ita finierunt: *Bonum est, quod adpetitionem sui movet:* vel, *quod inpetum animi tendentis ad se movet.* Et huic idem obponitur: multa enim inpetum animi movent, quae petantur petentium malo. Melius illi, qui ita finierunt: *Bonum est, quod ad se inpetum animi secundum naturam movet et ita demum petendum est,* cum coepit esse expetendum. Iam et honestum est: hoc enim est perfecte petendum. 10. Locus ipse me admonet, ut, *quid intersit inter bonum honestumque,* dicam. Aliquid inter se mixtum habent et inseparabile: nec potest bonum esse, nisi cui aliquid honesti inest, et honestum utique bonum est. Quid ergo inter duo interest? *Honestum* est perfectum bonum, quo beata vita conpletur, cuius contactu alia quoque bona fiunt. Quod dico, tale est: sunt quaedam neque bona neque mala, tamquam militia, legatio, iurisdictio. 11. Haec cum honeste administrata sunt, bona esse incipiunt et ex dubio in bonum transeunt. *Bonum,* societate honesti fit; *honestum* per se bonum est. Bonum ex honesto fluit, honestum ex se est. Quod bonum est malum esse potuit: quod honestum est, nisi bonum esse non potuit. Hanc quidam finitionem reddiderunt: *Bonum est quod secundum naturam est.* Adtende, quid dicam: quod bonum est secundum naturam est: non protinus quod secundum naturam est etiam bonum est. 12. Multa naturae quidem consentiunt, sed tam pusilla sunt, ut non conveniat illis boni nomen. Levia enim sunt, contemnenda: nullum est minimum contemnendum bonum. Nam quamdiu exiguum est, bonum non est: cum bonum esse coepit, non est exiguum. Unde adgnoscitur bonum? si *perfecte secundum naturam* est. 13. Fateris, inquis, quod bonum est secundum naturam esse: haec eius proprietas est: fateris et alia secundum naturam quidem esse, sed bona non esse. Quomodo ergo illud bonum est, cum haec non sint? quomodo ad aliam proprietatem pervenit, cum utrique praecipuum illud commune sit, secundum naturam esse? —Ipsa scilicet magnitudine. 14. Nec hoc novum est quaedam crescendo mutari. Infans fuit, factus est pubes: alia eius proprietas fit: ille enim inrationalis est, hic rationalis. Quaedam incremento non tantum in maius exeunt, sed in aliud. —Non fit, inquit, aliud, quod maius fit: utrum lagenam an dolium inpleas vino, nihil refert: in utroque proprietas vini est: et exiguum mellis pondus ex magno sapore non differt. —Diversa ponis exempla: in istis enim eadem qualitas est: quamvis augeantur, manent. 15. Quaedam amplificata in suo genere et in sua proprietate perdurant: quaedam post multa incrementa ultima demum vertit adiectio et novam illis aliamque quam in qua fuerunt, condicionem inprimit. Unus lapis facit fornicem, ille, qui latera inclinata cuneavit et interventu suo vinxit. Summa adiectio quare plurimum facit vel exigua? Quia non auget, sed inplet. Quaedam processu priorem exuunt formam et in novam transeunt. 16. Ubi aliquid animus diu protulit et magnitudinem eius sequendo lassa-

tus est, *infinitum* coepit vocari, quod longe aliud factum est
quam fuit, cum magnum videretur, sed finitum.   Eodem modo
aliquid difficulter secari cogitavimus : novissime crescente hac
difficultate *insecabile* inventum est.   Sic ab eo quod vix et
aegre movebatur processimus ad *inmobile.*   Eadem ratione
aliquid *secundum naturam* fuit: hoc in aliam proprietatem
magnitudo sua transtulit et *bonum* fecit.   Vale.

EPITAPHIUM SENECAE.

Cura, labor, meritum, sumpti pro munere honores,
   Ite, alias post hanc sollicitate animas!
Me procul a vobis deus evocat: illicet actis
   Rebus terrenis hospita terra vale!
Corpus avara tamen solemnibus accipe saxis.
   Namque animam coelo reddimus, ossa tibi.

L. ANNAEI SENECAE

EPIGRAMMATA SUPER EXILIO.

I. Ad Corsicam.

Corsica Phocaico tellus habitata colono,
  Corsica, quae patrio nomine Cyrnus eras,
Corsica Sardinia brevior, porrectior Ilva,
  Corsica piscosis pervia fluminibus,
Corsica terribilis, cum primum incanduit aestas,
  Saevior, ostendit cum ferus ora canis,
Parce relegatis, hoc est, iam parce sepultis:
  Vivorum cineri sit tua terra levis.

II. De Eadem.

Barbara praeruptis inclusa est Corsica saxis,
  Horrida, desertis undique vasta locis.
Non poma autumnus, segetes non educat aestas,
  Canaque Palladio munere bruma caret.
Umbrarum nullo ver est laetabile foetu,
  Nullaque in infausto nascitur herba solo.
Non panis, non haustus aquae, non ultimus ignis:
  Hic sola haec duo sunt, exsul et exsilium.

III. Querela.

Occisi iugulum quisquis scrutaris amici,
  Tu miserum necdum me satis esse putas?
Desere confossum: victori volnus iniquo
  Mortiferum inpressit mortua saepe manus.

IV. Item.

Quisquis es,—et nomen dicam : dolor omnia cogit—
 Qui nostrum cinerem nunc, inimice, premis
Et non contentus tantis subitisque ruinis
 Stringis in exstinctum tela cruenta caput :
Crede mihi, vires aliquas natura sepulchris
 Attribuit : tumulos vindicat umbra suos.
Ipsos crede deos hoc nunc tibi dicere, livor,
 Hoc tibi nunc manes dicere crede meos :
Res est sacra, miser.   Noli mea tangere fata.
 Sacrilegae bustis abstinuere manus.

V. Item.

Carmina mortifero tua sunt suffusa veneno,
 Et sunt criminibus pectora nigra magis.
Nemo tuos fugiat, non vir, non femina dentes,
 Haud puer, haud aetas undique tuta senis,
Utque furens totas immittit saxa per urbes
 In populum, sic tu verba maligna iacis.
Sed solet insanos populus compescere sanus,
 Et repetunt motum saxa remissa caput.
In te nunc stringit nullus non carmina vates,
 Inque tuam rabiem publica Musa furit.
Dum sua conpositus nondum bene concutit arma
 Miles, it e nostra lancea torta manu.
Bellus homo, et valide capitalia carmina ludis,
 Deque tuis manant atra venena iocis.
Sed tu perque iocum dicis vinumque : quid ad rem,
 Si plorem, risus si tuus ista facit ?
Quare tolle iocos : non est iocus esse malignum.
 Numquam sunt grati, qui nocuere sales.

VI. Ad Amicum.

Crispe, meae vires, lassarumque ancora rerum,
 Crispe, vel antiquo conspiciende foro :
Crispe potens numquam, nisi cum prodesse volebas,
 Naufragio littus tutaque terra meo,

Solus honor nobis arx et tutissima nobis
　　Et nunc afflicto sola quies animo :　.
Crispe, fides dulcis, placidique acerrima virtus,
　　Cuius Cecropio pectora melle madent :
Maxima facundo vel avo vel gloria patri,
　　Quo solo careat si quis, in exsilio est :
An tua, qui iaceo saxis telluris adhaerens,
　　Mens mecum est, nulla quae cohibetur humo ?

VII. De Qualitate Temporis.

Omnia tempus edax depascitur, omnia carpit,
　　Omnia sede movet, nil sinit esse diu.
Flumina deficiunt, profugum mare littora siccat,
　　Subsidunt montes et iuga celsa ruunt.
Quid tam parva loquor ? moles pulcherrima coeli
　　Ardebit flammis tota repente suis.
Omnia mors poscit.　Lex est, non poena, perire :
　　Hic aliquo mundus tempore nullus erit.

VIII. Votum.

Sic mihi sit frater maiorque minorque superstes,
　　Et de me doleat nil nisi morte mea.
Sic illos vincam, sic vincar rursus amando :　. .
　　Mutuus inter nos sic bene certet amor.
Sic dulci Marcus, qui nunc sermone fritinnit,
　　Facundo patruos provocet ore duos.

IX. Ad Cordubam.

Corduba solve comas et tristes indue voltus :
　　Inlacrimans cineri munera mitte meo.
Nunc longinqua tuum deplora, Corduba, vatem,
　　Corduba, non alio tempore moesta magis :
Tempore non illo, quo versi viribus orbis
　　Incubuit belli tota ruina tibi,
Cum geminis oppressa malis utrimque peribas :
　　Et tibi Pompeius, Caesar et hostis erat.

I

Tempore non illo, quo ter tibi funera centum
   Heu nox una dedit, quae tibi summa fuit.
Non, Lusitanus quateret cum moenia latro,
   Figeret et portas lancea torta tuas.
Ille tuus quondam magnus, tua gloria, civis
   Infigar scopulo. Corduba solve comas,
Et gratare tibi, quod te natura supremo
   Alluit oceano : tardius ista doles.

Coin of Agrippina, wife of Claudius, mother of Nero. (It was through her that Seneca was recalled from exile: Introduction, p. 14.) From the British Museum.

EPISTULAE SENECAE, NERONIS IMPERATORIS MAGISTRI, AD PAULUM APOSTOLUM ET PAULI APOSTOLI AD SENECAM.*

S. HIERONYMUS DE SENECA IN CATALOGO SANCTORUM.

Lucius Annaeus Seneca Cordubensis, Sotionis stoici discipulus et patruus Lucani poetae, continentissimae vitae fuit, quem non ponerem in catalogo sanctorum, nisi me epistulae illae provocarent, quae leguntur a plurimis, Pauli ad Senecam et Senecae ad Paulum. In quibus, cum esset Neronis magister et illius temporis potentissimus, optare se dicit eius esse loci apud suos, cuius sit Paulus apud Christianos. Hic ante biennium quam Petrus et Paulus martyrio coronarentur, a Nerone interfectus est.

EPISTULA I.

SENECA PAULO SALUTEM.

Credo tibi, Paule, nunciatum esse, quod heri [de te] cum Lucilio nostro de apocryphis et aliis rebus sermonem habuerimus. Erant enim quidam disciplinarum tuarum comites mecum. Nam in hortos Salustianos secesseramus, quo loco occasione nostra alio tendentes hi, de quibus dixi, visis nobis adiuncti sunt. Certe quod tui praesentiam optavimus, et hoc scias volo : libello tuo lecto, id est de plurimis aliquas litteras quas ad aliquam civitatem seu caput provinciae direxisti, mira exhortatione vitam moralem continentes, usque refecti sumus.

---

* See Introduction, pp. 84, 85.

Quos sensus non puto ex te dictos sed per te, certe aliquando
ex te et per te : tanta enim maiestas earum est rerum tanta-
que generositate calens, ut vix suffecturas putem aetates hominum, quibus institui perficique possint. Bene te valere, frater,
cupio.

EPISTULA II.

SENECAE PAULUS SALUTEM.

Litteras tuas hilaris heri accepi, ad quas rescribere statim
potui, si praesentiam iuvenis, quem ad te eram missurus, ha-
buissem. Scis enim, quando et per quem et quo tempore et
cui quid dari committique debeat. Rogo ergo, non putes [te]
neglectum, dum personae qualitatem respicio. Sed quod litteris meis vos bene acceptos alicubi scribis, felicem me arbitror
tanti viri iudicio. Neque enim hoc diceres, censor, sophista,
magister tanti principis et iam omnium, nisi quia vere dicis.
Opto te diu bene valere.

EPISTULA III.

SENECA PAULO SALUTEM.

Quaedam volumina ordinavi et divisionibus suis statum eis
dedi. Ea quoque Caesari legere sum destinatus. Si modo
sors prospere annuerit, ut novas afferat aures, eris forsan et tu
praesens : sin, alias reddam tibi diem, ut hoc opus invicem in-
spiciamus. Et possem non prius edere ei eam scripturam,
nisi prius tecum conferam, si modo [etiam] impune hoc fieri
potuisset, ut scires non te praeteriri. Vale.

EPISTULA IV.

PAULUS SENECAE SALUTEM.

Quotienscunque litteras tuas audio, praesentiam tui cogito
nec aliud existimo quam omni tempore te nobiscum esse.
Cum primum itaque venire coeperis, invicem nos et de proxi-
mo videbimus. Bene te valere opto.

EPISTULA V.

SENECA PAULO SALUTEM.

Nimio tuo secessu angimur. Quid est? vel quae res te remo[ra]tum faciunt? si indignatio dominae, quod a ritu et secta veteri recesseris et alios rursum converteris, erit postulandi locus, ut ratione factum, non levitate hoc existimetur.

EPISTULA VI.

SENECAE ET LUCILIO PAULUS SALUTEM.

De his, quae mihi scripsistis, non licet arundine et atramento eloqui, quarum altera res notat et designat aliquid, altera evidenter ostendit, praecipue cum sciam inter vos esse, hoc est apud vos et in vobis, qui me intelligant. Honor omnibus habendus est et tanto magis, quanto indignandi occasionem captant. Quibus si patientiam demus, omni modo eos ex quaqua parte vincemus, si modo hi sunt, qui poenitentiam sui gerant. Bene valete.

EPISTULA VII.

ANNAEUS SENECA PAULO ET THEOPHILO SALUTEM.

Profiteor bene me acceptum lectione litterarum tuarum, quas Galatis, Corinthiis, Achaeis misisti, et ita invicem vivamus, ut etiam cum horrore divino esse exhibes. Spiritus enim sanctus in te et super te excelsus sublimiores sanctis venerabiles sensus exprimit. Vellem itaque, cures et cetera, ut maiestati earum cultus sermonis non desit. Et ne quid tibi, frater, surripiam aut conscientiae meae debeam, confiteor Augustum sensibus tuis motum. Cui lecto virtutis in te exordio ista vox fuit : mirari eum posse, ut qui non legitime imbutus sit, taliter sentiat. Cui ego respondi, solere deos ore innocentium effari, haud eorum, qui praevaricare doctrina sua quid possint. Et dato ei exemplo Vatieni hominis rusticuli, cui viri duo apparuissent in agro Reatino, qui postea Castor et Pollux sunt nominati, satis instructus videtur. Vale.

EPISTULA VIII.

Paulus Senecae salutem.

Licet non ignorem Caesarem nostrarum rerum admiratorem, si quando deficiet amatorem esse, permittes tamen te non laedi sed admoneri: puto enim te graviter fecisse, quod ei in notitiam perferre voluisti id, quod ritui et disciplinae eius sit contrarium. Cum enim ille gentium deos colat, quid tibi visum sit, ut hoc scire cum velles, non video, nisi nimio amore meo facere te hoc existimo. Rogo de futuro, ne id agas. Cavendum est enim, ne dum me diligis, offensum dominae facias, cuius quidem offensa neque oberit, si perseveraverit, neque, si non sit, proderit: si est regina, non indignabitur, si mulier est, offendetur. Bene vale.

EPISTULA IX.

Seneca Paulo salutem.

Scio te non tam tui causa commotum litteris, quas ad te de editione epistolarum tuarum Caesari feci, quam natura [ipsarum] rerum, quae ita mentes hominum ab omnibus artibus et moribus rectis revocat, ut non hodie admirer, quippe [ut] qui multis documentis hoc iam notissimum habeam. Igitur nove agamus, et si quid facile in praeteritum factum est, veniam irrogabis. Misi tibi librum de verborum copia. Vale Paule carissime.

EPISTULA X.

Senecae Paulus salutem.

Quotienscunque tibi scribo et nomen meum tibi subsecundo, gravem et sectae meae incongruentem rem facio. Debeo enim, ut saepe professus sum, cum omnibus omnia esse et id observare in tua persona, quod lex Romana honori senatus concessit, perlecta epistola ultimum locum eligere, ne cum aporia et dedecore cupiam [illud] efficere, quod mei arbitrii fuerit. Vale, devotissime magister. Data quinto Calendarum Iulii Nerone IV et Messala consulibus.

EPISTULA XI.

Seneca Paulo salutem.

Ave mi Paule carissime. Si mihi nominique meo vir tantus et dilectus omnibus modis non dico fueris iunctus sed necessario mixtus, optime actum erit de Seneca tuo. Cum sis igitur vertex et altissimorum omnium montium cacumen, non ego vis laeter, si ita sim tibi proximus, ut alter similis tui deputer? Haud itaque te indignum prima facie epistolarum nominandum censeas, ne tam temptare me quam ludere videaris, quippe cum scias civem esse te Romanum. [Uti]nam qui meus, tuus apud te locus, qui tuus, velim ut meus. Vale mi Paule carissime. Data X. Cal. April. Aproniano et Capitone consulibus.

EPISTULA XII.

Seneca Paulo salutem.

Ave mi Paule carissime. Putasne me haud contristari et non luctuosum esse, quod de innocentia vestra subinde supplicium sumatur? dehinc quod tam duros tamque obnoxios vos reatui omnis populus iudicet, putans a vobis effici, quidquid in urbe contrarium fit? Feramus aequo animo et utamur foro, quod sors concessit, donec invicta felicitas finem malis imponat. Tulit et priscorum aetas Macedonem Philippi filium et post Darium Dionysium. Nostra quoque Gaium Caesarem, quibus quicquid libuit, licuit. Incendium urbs Romana manifeste saepe unde patiatur, constat. Sed si effari humilitas potuisset humana, quid causae sit, et impune in his tenebris loqui liceret, iam omnes omnia viderent. Christiani et Iudaei quasi machinatores incendii affecti supplicio uri solent. Grassator iste, quisquis est, cui voluptas carnificina est et mendacium velamentum, tempori suo destinatus est. Ut optimus quisque unum pro multis donatum est caput, ita et hic devo-

tus pro omnibus igni cremabitur. Centum triginta duae domus, insulae quatuor [in] sex diebus arsere, septimus pausam
dedit. Bene te valere frater opto. Data quinto Cal. April.
Frugi et Basso consulibus.

EPISTULA XIII.

SENECA PAULO SALUTEM.

[Ave mi Paule carissime.] Allegorice et aenigmatice multa
a te usquequaque opera concluduntur et ideo rerum tanta vis
et muneris tibi tributa non ornamento verborum sed cultu
quodam decoranda est. Nec vereare, quod saepius te dixisse
retineo, multos, qui talia affectent, sensus corrumpere, virtutes
rerum evirare. Ceterum mihi concedas velim latinitati morem
gerere, honestis vocibus speciem adhibere, ut generosi muneris
concessio digne a te possit expediri. Bene vale. Data V.
Non. Iul. Leone et Sabino consulibus.   .

EPISTULA XIV.

PAULUS SENECAE SALUTEM.

Perpendenti tibi ea sunt revelata, quae paucis divinitas concessit. Certus igitur ego in agro iam fertili semen fortissi-
mum sero, non quidem materiam, quae corrumpi videtur, sed
verbum stabile, dei derivamentum crescentis et manentis in
aeternum. Quod prudentia tua assecuta [est], indeficiens fore
debebit, ethnicorum Israelitarumque observationes censere vi-
tandas. Novum te auctorem feceris Iesu Christi praeconiis
ostendendo rhetoricis irreprehensibilem sophiam, quam propemodum adeptus regi temporali eiusque domesticis atque fidis
amicis insinuabis quibus aspera et incapabilis erit persuasio,
cum plerique illorum minime flectantur insinuationibus tuis.
Quibus vitale commodum sermo dei instillatus, novum hominem sine corruptela perpetuamque animam parit ad deum
istinc properantem. Vale Seneca carissime nobis. Data Cal.
Augusti Leone et Sabino consulibus.

104
L 7₁ 17 A   C 5 5 3

CPSIA information can be obtained
at www.ICGtesting.com
Printed in the USA
BVHW040343180720
583943BV00005B/188

9 781375 427616